当代破产法丛书

主 编／韩长印
执行主编／许德风 任一民

# 世界银行
# 自然人破产问题处理报告

自然人破产处理工作小组起草
*Working Group on the Treatment of the Insolvency of Natural Persons*

殷慧芬　张　达／译
赵惠妙／校

世界银行集团　　中国政法大学出版社

2016·北京

# 丛书编委会

**王卫国** 中国政法大学民商法学院教授，中国银行法研究会会长

**王欣新** 中国人民大学法学院教授，北京市破产法学会会长

**杨忠孝** 华东政法大学经济法学院教授，上海市法学会破产法研究会常务副会长

**齐　明** 吉林大学法学院教授，吉林省破产管理人协会副会长

**徐阳光** 中国人民大学法学院副教授，北京市破产法学会副会长兼秘书长

**刘　敏** 最高人民法院民一庭副庭长，北京市破产法学会副会长

**章恒筑** 浙江省高级人民法院商事审判庭庭长，全国审判业务专家

**季　诺** 上海市方达律师事务所高级合伙人，上海市法学会破产法研究会副会长

**陈　峰** 北京大成（上海）律师事务所主任，全国优秀律师

**池伟宏** 北京大成（广州）律师事务所高级顾问，原深圳市中级人民法院破产庭审判长

**童丽萍** 上海电气集团首席法务官，全国优秀公司律师

# 起草委员会成员

# 总　序

毋庸置疑，我国已经进入了信用和风险一并快速扩张的时代。24%~36%民间借贷利率的合法化及诸多领域高负债基础上杠杆交易的实施，又进一步放大了此种风险。在政策性软预算约束的惯性下，政府或者准政府机构对大面积违约的刚性兑付，以及部分地区依靠行政力量对困境企业进行以强扶弱的治标做法，尽管能将某些债务风险暂时掩盖起来，但诸多领域内风险的积聚，无疑会成为酝酿新一轮经济和破产危机的量变因子。实际上，有信用关系存在的地方，就可能有破产。只不过，当代社会对于破产制度的需求比以往任何时候更为迫切。

早在1992年我国确立市场经济体制改革目标之前，1986年《企业破产法（试行）》的制定颁布就突破性地给自己贴上了这样的历史标签：第一次在电视上直播立法机关现场讨论法律草案的场面；第一次以尚未通过的法律（《全民所有制工业企业法》）的颁布实施作为自身生效实施的前提。除此之外，该法不仅是在生效之前周知时间最长的法律（1986年12月2日~1988年11月1日），也是迄今"试行"时间最长的法律（1988年11月2日~2007年5月31日）。

然而，有目共睹的是，此后长时期内，破产法的实施效果并不理想。各种制度性替代措施和政策性替代因素借助于传统经济危困化解手段的普遍采用，以及"维稳措施"对破产功能的消解，使当初为获取市场经济地位而出台破产法的初衷几度被人怀疑。或许，包括破产法在内的整个法制的命运某种程度上就是在这样一波三折的风雨历程中艰难前行的！

2016 年是现行《企业破产法》颁布的第 10 个年头，对破产法实施的推进来讲，这也是值得纪念的一年。这一年，最高人民法院为回应国家供给侧结构性改革和僵尸企业处理的政策精神，改变破产法长期得不到有效实施的现状，推出了一系列促进破产法实施的措施，包括但不限于：在中级人民法院设立专门的清算与破产审判庭（直辖市至少须有一个中级人民法院设立，省会城市、副省级城市所在地中级人民法院均应设立，其他中级人民法院由各高级人民法院会同省级机构编制部门统筹安排）；建成并开始运营全国企业破产重整案件信息网，发布实施了《关于破产案件立案受理有关问题的通知》，实现了类似立案登记制的效应。此外，一些民间机构不失时机地建立了危困企业投资并购联盟、资产投资促进机构及信息共享平台等。通过学术论坛、微信群聊等正式或非正式方式，破产法学术交流、破产法理论与实务界的沟通均空前活跃，不少地方还成立了破产法研究会、破产管理人协会等学术和行业组织。我们欣喜地看到，政府、社会和市场终于意识到了经济发展对破产法不可或缺的内在需求以及破产法对社会与市场所具有的良性回应机能。

破产制度之于我国，无论其制度本身还是其文化内涵，严格说来皆属舶来品。1986 年《企业破产法（试行）》颁布至今虽已 30 年，但从其遭遇的多舛命运来看，难言其已达到

"三十而立"的境界。破产程序的启动仍然较为依赖或许只是作为临时性措施的配套制度（例如"执转破"制度），而缺少必要的自治机能（比如破产启动程序的常态化），现有规则对诸多疑难问题的应对，很难说达到了得心应手、运用自如的程度。应当说，任何一项法律制度的实施，都需要参与制度运作的机构和个人对相关制度要素的准确把握和透彻理解。因而，我们不仅需要学习和借鉴破产法制先进国家的立法例及经验，也要基于国内的既有实践，培育我们自己思考、应对和化解破产法疑难问题的能力。

应当承认，我国近年来破产法制实践的展开，离不开诸多一线商事法官、破产管理人苦心孤诣、不畏险阻、知难而上、孜孜以求的努力。他们无怨无悔地宣传着破产法的理念，钻研着破产法的精髓。这种坚持不懈地推动破产法实施的卓越智慧和勇气，或许会成为我国破产法艰难实施历史中至为宝贵的民间记忆。在他们这股力量的强大感召和无私激励下，我们没有理由充当破产法制建设的旁观者，没有理由不投入到已现端倪的破产法实施的澎湃激流中去。

本套丛书由上海交通大学法学院破产保护法研究中心组编。中心致力于推进破产法学的繁荣和破产法制的进步。本中心成立以来得到了破产法理论与实务界诸多机构和同仁的鼎力支持，尤其是上海市方达律师事务所与浙江京衡律师事务所的无私帮助。中心在锦天城律师事务所、方达律师事务所的支持下，截至2015年先后举办了4届"企业破产法实务论坛"，编辑刊发了10期《破产法通讯》；在浙江京衡律师事务所的支持下，中心于2014年开办了"中国破产保护法律网"（同时作为浙江省律协企业破产管理专业委员会的官网）。

　　本套丛书的组编工作启动于 2014 年，前三部著作于 2015 年完成初稿并由中国政法大学出版社完成版权翻译许可合同的签署工作。组编工作启动伊始就得到了好友章恒筑、任一民、许德风、季诺等破产法同仁的诚心赞同和支持。中心期望通过丛书的出版，将境内外破产法方面的立法指南、改革报告、经典著作、学术新论、实务案例等素材陆续推出，以表明我们对破产法制事业一如既往的热爱和矢志不渝的信心。期待大家踊跃投稿，并欢迎大家不吝指正。

　　谨以本套丛书献给正在亲身见证中国破产法制发展的人们。

韩长印<br>谨识于 2016 年 9 月 3 日

# 目　录

# 前　言

【1】依据《标准与准则倡议》（Standards and Codes Initi-ative），金融稳定论坛——现金融稳定委员会，委托世界银行为商事破产和债权人/债务人机制（以下简称"ICR标准"）的比较研究开发一套统一的标准。ICR标准是基于联合国国际贸易法委员会《破产法立法指南》（2004）（以下简称"指南"）以及世界银行《关于有效破产以及债权人权益制度的原则》（以下简称"原则"，2001年制定，2005年及2011年经过修订）的建议，并经过联合国国际贸易法委员会、国际货币基金组织以及世界银行国际合作伙伴的协商编纂而成的。《原则》及《指南》的建议，与ICR标准一起，构成对企业困境解决机制进行评估统一的参考源。世界银行主要通过制备深度诊断报告——《标准与准则遵守情况报告》（Re-ports on the Observation of Standards and Codes，以下简称"ROSCs"）、制定技术支持的规定以及发展和宣传破产相关知识和专业技能，来支持发展中国家加强关于管理ICR机制的法律、规制及制度框架的努力。

【2】世界银行的破产及债权人/债务人制度项目专门工

作组（下文简称"专门工作组"）对于执行世界银行的指令是至关重要的。专门工作组集合了世界各地经验丰富的法官、专家从业人员、学界人士和政策制定者，提供了一个重要的讨论平台，使得各方能够就 ICR 标准展开合作性的和包容性的对话，从而进一步提高对破产法领域法律及政策的理解及在该方面的专业性。

【3】世界银行在 2011 年 1 月 10~11 日召开了专门工作组会议，讨论修改 ICR 标准及全球金融危机后出现的破产相关问题。作为这次讨论的一部分，专门工作组第一次被要求考虑自然人破产的话题。在国家按揭危机及其引发的全球金融危机中，自然人破产问题凸显，这一问题的特征在于不同国家的法律处理标准不同，这种差异对国际金融稳定和经济发展及融资渠道产生影响。

【4】世界银行在全球开展了关于各国现行有效的自然人破产的有效法律的初步调查，目的是收集处理该问题的有关法律信息。[1]该调查报告覆盖了 59 个国家，其中 25 个是高收入国家，34 个是中等收入或者低收入国家，调查人数占全球总人口的 67.5%。调查结果表明，一半以上的中等收入和低收入国家没有任何关于自然人破产的法律制度。

【5】专门工作组承认处理自然人破产这一议题的重要性，同时探讨了利用专门工作组的专业知识来研究自然人破产中重要的监管问题、国际法律体系下法律处理的差异以及

---

〔1〕 此调查由世界银行 Adolfo Rouillon 指导。调查结果获取地址：http://siteresources. worldbank. org/EXTGILD/Resources/Jan11-CI-Rouillon. pdf.

这些差异对国际协作和协调的影响。[1]

【6】2011 年 1 月专门工作组会议的闭幕词写道：

近期的金融危机给人们带来的经验教训是，人们需要意识到消费者破产问题是一种系统性风险，随之而来的是国内法律和制度现代化的需求，从而使法律能够有效、高效地处理个人过度负债的风险。这一问题对于国际金融架构的重要性已经被 20 国集团在多方面承认，同时也被金融稳定委员会承认。今天这一问题被本专门工作组再次确认并强调。十分重要的一点是，需要意识到政策角度、价值观念、文化偏好以及法律传统这些塑造自然人破产问题司法体制的因素的差异。近期的一些事件证明了金融渠道的扩展、现代金融中介模式的扩张以及资金流量的迁移性及全球化可能已经改变了消费者破产的风险性质和风险规模，正如许多不同经济体中发生的相似变化一样。为了回应这些问题，世界银行将会通过法定副主席组织一个适当的破产法专门工作组下的工

---

〔1〕　参见 Susan Block-Lieb 教授的报告："自然人破产的最佳实践"（Best Practices in the Insolvency of Natural Persons），获取地址：ht:p://siteresources. worldbank. org/EXTGILD/Resources/ WB_TF_2011_Consumer_Insolvency. pdf. 工作小组的会议将两次会议时间用于讨论自然人破产的处理问题。第一次会议讨论了自然人破产问题在比较法方面的概况，该次会议的主席是 Adolfo Rouillon（世界银行），组委会成员是 Jason Kilborn（美国），Alexander Byriukov（乌克兰），P. R. Chinien（毛里求斯），Kazuhiro Yanahira（日本）以及 Luiz Fernando Valente de Paiva（巴西）。第二次会议从国际组织和国际非政府组织的视角研究了关于自然人破产体制缺乏指导的问题，该次会议的主席是 Adolfo Rouillon（世界银行），组委会成员包括联合国国际贸易法委员会代表、世界银行代表、国际货币基金组织代表、欧洲复兴开发银行代表、国际律师协会代表以及国际破产从业者协会代表。

作小组，着手解决确认当代环境下有效管理消费者破产和自然人过度负债风险的不同法律制度背后的政策和总原则。世界银行会和其国际伙伴合作，利用其召集力汇集国际公认的专家代表团以解决这些重要问题[1]。

【7】在专门工作组会议讨论之后，世界银行和专门工作组共同创立了一个特别工作小组，该工作小组由专家学者、法官、执业者以及政策制定者（前文"工作小组"）组成，旨在研究自然人破产问题，写出一份关于此问题的反思性报告，报告将考虑不同政策选择以及各国对这一问题敏感性的差异，对自然人破产涉及不同问题的处理方案提出指导建议。

【8】2011 年 11 月 16～17 日，工作小组在华盛顿特区开会。在整个会议过程中，会议参加者讨论了众多与自然人破产相关的问题，并对提交工作小组的草案发表意见。工作小组在会议过程中及会后修改草案的过程中也收到了一些书面建议。这些建议使得文件内容更为充实，并且这些建议也在准备这份报告时被纳入了考虑范围。最后，2012 年 12 月 13～14 日，工作小组在华盛顿特区再次举行会议，并完成其工作。

---

〔1〕 Vijay S. Tata（世界银行法律部私营部门首席顾问）："专门工作组会议的结束语"，载 http://siteresources. worldbank. org/EXTGILD/ Resources/WB _ TF_2011_ Consumer_ Insolvency. pdf.

# 第一章　概述

【9】本报告按照下述结构阐述自然人破产：第一部分介绍报告的目标和性质，涉及一般问题，描述了自然人破产处理制度的基础；第二部分分析了自然人破产处理制度的核心法律属性：对制度内的最密切相关的问题进行了深入分析，包括制度设计和机构框架、制度准入、债权人参与、破产过程的解决方案和免责等。

## 第一节　本报告的目标和性质

【10】本报告的主要目标是为有效的自然人破产制度的特征以及在这种制度发展中遇到的机遇和挑战提供指导。就这点而言，本报告旨在提高对自然人破产处理制度重要性的认识，并且探索了在自然人破产制度设计过程中必然会面临的大量实务问题解决方案的优势和劣势。

【11】本报告对于现代自然人破产处理的现代法律制度过程中需要解决的政策问题提供了指导，而非意在指出自然人破产的"最佳方式"。本报告涉及的问题超出了世界银行及国际货币基金组织 ROCS 项下的 ICR 评估的基准或标准。就此而言，需要重申的是 ICR 的 ROSC 评估标准（包括了世

界银行《原则》以及贸易法委员会《立法指南》的建议）的
目的在于处理包括公司和自然人商业活动的商事破产问题。
本报告认可了 ICR 标准在处理商事破产中的价值以及在商事
破产机制发展过程中提供的根本性指导作用。

【12】就不参与商业活动的自然人破产的法律处理而言，
能够达成一致共识的是，要认定某一种特定处理方式（或最
佳方式）还为时过早。自然人破产问题和各种不同的社会、
政治及文化问题交织，处理方式实难统一。本报告因此难以
提出一个统一的处理途径。政策制定者应意识到这些可能影
响自然人破产制度运作的社会、法律及经济因素。

【13】尽管在目前的情况下要发展一套"最佳方式"并
不太可能，但是这并不意味着自然人破产应该被置于研究范
围和全世界政策制定者改革努力之外。诚然，本报告为政策
制定者在其自身法律制度内应当开展的分析提供了一个案例，
以帮助他们更好地理解在设计一套有效的处理自然人破产的
法律制度时，各种政策抉择所带来的效果和收益。本报告通
过展示不同（有时甚至相互矛盾）的自然人破产处理规则的
优势和劣势，从而促进政策制定者对于自然人破产的一些现
代处理方式所带来的社会和经济效益的更好理解。

## 第二节　方法论

【14】本报告提出了一个思辨的、非指令性的方法：通过
描述特定问题和特定的解决方法，以及该方法的正面和负面后
果，为自然人破产处理制度的构造这一复杂任务所面临的问题
提供一份"地图"，也为破产改革涉及的立体以及因破产法律

适用受到任何方式影响的主体提供了一些思路和替代方案。

【15】本报告为自然人破产制度的规制和执行中遇到的问题提供了解决办法。基于本报告所追求的普遍性，同时在某些制度中所获取的经验对于其他国家来说是非常有效的先例，出于这两点考虑，以上这些观察并非基于特定国家。无论如何，本报告中所包括的观察是基于实验模型和实务经验的。

【16】本报告也引用了一部分实证研究。研究自然人破产问题的法律学者从一些专家的工作中受益，这些专家基于对自然人破产制度的执行和适用的实证分析，得到了研究结论。为了详细阐述本报告，这些宝贵的实证研究被纳入考虑范围，其中很多在脚注中作为参考文献出现，以提供现成的示例。但这些参考文献不应被看做是影响了本报告观察结果的所有现有研究的详尽清单。

# 第三节　术语

【17】关于"破产"一词，本报告并非指向某个特定的法律框架或方法，而是指债务人所陷入的困境以及处理该情况可能使用的一系列方法。本报告使用了"破产"这一术语，而非其他世界各国现在使用的用来描述向债权人提供集体救济以及减轻破产债务人债务负担的各种体系的多样化术语。不论是被称为"破产""扣押""债务免除"还是"债务调整"，其所追求的共同且统一的因素均是本报告的焦点，即任何系统，只要致力于减轻过多债务负担、分配利益和损失（包括在债权人之间以及债权人和自然人债务人之间），都属于"自然人破产处理"的意图范围内。如果这样的制

度在任何一个国家，或实际存在，或处于设想中，不管它被贴上什么样的标签，其特点和效果不管在何种程度上都被涵盖在以下的讨论中。

【18】本报告一般情况下指的是"自然人破产"。正如下文所讨论的，对于自然人破产全部情形的讨论会产生一些界定上的问题（见下文第一章第七节第 3 条）。本报告的焦点是所有影响债务人作为人的问题。本报告并未采取下定义的方法刻意去界定哪些属于自然人债务人，哪些是作为下文分析对象的债务人。在认识到 ICR 标准的价值和相关性，以及明确阐述 ICR 标准适用于参与商业活动的自然人（即贸易商或商人）破产问题之后，本报告关注的核心在于破产的个人化因素：这些因素在不能被称为参与重大商业活动的自然人破产中普遍存在，但是这些因素同样存在于可以被归为"贸易商""商人"或者"企业家"类别的自然人案例中。本报告避免使用"消费者破产"的表述，因为这样的表述会产生在众多法律体系中如何区分消费者和非消费者等类似问题。相反，本报告模糊地使用了"自然人破产"以及"个人破产"的术语。本报告是为了应对因个人破产而产生的问题，而非为了应对因商业活动和商业信用而产生的问题。这应由政策制定者决定本报告中的分析与其特定法律制度中影响破产个人的具体情况的相关性。

## 第四节　先例

【19】本报告的形成基于世界范围内大量自然人破产规制的资料和经验。

【20】各个国家设计自然人破产处理体制的经验众多，难以列举，但是它们是本报告进行分析的基础。

【21】这份关于自然人破产体制的报告受益于以下不同国际组织的报告，包括：

（1）国际破产协会：《消费者债务报告》（I，2001；II，2011）；

（2）欧洲委员会报告：《信用社会中债务问题的法律对策》（2005）；

（3）欧盟委员会报告：《欧盟消费者过度负债及消费者法》（2003），以及《过度负债的欧洲共同可操作定义》（2008）；

（4）国际消费者协会：《拉丁美洲和加勒比海地区家庭破产示范法》（2011）。

# 第五节　本报告的预期使用者

【22】本报告潜在的读者包括所有对自然人破产法体制发展感兴趣的个人。

（1）希望为处理自然人破产设计一个平衡制度的政策制定者；

（2）国际组织，包括政府间和非政府国际组织；

（3）司法人员；

（4）律师及破产从业者；

（5）对自然人提供贷款的金融和信用机构；及

（6）所有参与破产改革和改革援助的个人和机构。

【23】并非所有潜在读者都接受过法律技能训练。因此，本报告试图用易于理解的"通俗语言"风格来表述。

【24】本报告的表述方式使之能被不同法律传统的国家使用。本报告使用中立且通用的术语，但分析时需要使用特定制度中的特定法律术语的情况除外。

## 第六节　自然人破产处理的背景和协调

【25】任何关于处理自然人破产问题的制度的考虑都应该考虑这个因素：该制度必须要与法律、政策以及实践的周边背景相协调。也许最直接地解决自然人破产问题的制度本质上是一种延伸，尤其是在执行债权和财产权的程序体系中，是执行制度的最后阶段。不那么直接但同样重要的是，自然人破产制度涉及如数据保护和个人隐私这类突出的问题，同时也涉及许多社会和经济的管理问题，例如个人咨询、教育、社会福利以及家庭和房屋政策。从实践和法律政策两个角度来说，财务困境和破产与授信、银行业务、税务以及商业创业密不可分，同时还有一些更为基本的关于合同、不法行为责任、财产的相关法律以及义务与财产制度的相互作用。一个社会对债务的看法会对其处理过度债务负担产生影响。例如，某个特定的法律或文化制度会把债务看作是一个家庭、部落或其他大型团体的集体责任，而不是对该债务承担最直接责任的个体债务人的责任。在此情形下，上述观点会对破产处理制度的需求和适当的结构产生深远的影响。与前述示例不同的是，本报告的讨论基础为个人责任，这也是当今大部分破产制度的前提。

【26】在任何国家，每一个协调系统运作的顺利与否必然会影响到对潜在的自然人破产制度的适当评估，包括整体

评估和对特定法条或执行策略的个别评估。例如，许多国家，持续为"法治"问题抗争，主要包括对法律的低接受度、低遵守度，未获充分支持或不够格的司法部门，甚至一级或多级政府的腐败。尽管存在这些制度性缺陷，破产机制可以与之抗衡的程度仍是一个重要的考虑因素。

【27】对于自然人破产制度的需要、该制度的理想程度和运行不仅被法律和社会这些协调领域影响，一个破产制度也会影响这些周边系统的结构和运行。举个简单的例子，一个没有健全借贷系统的国家对于自然人破产的需求也许会降低很多，但是源于其他方面的义务以及对该义务的执行可能产生下文所讨论的有害效果。因此，一个破产制度在取得下文所描述的某些收益的过程中至少可以发挥一些有限的作用。相反地，自然人破产制度的存在与否有可能影响债权人向消费者和企业家提供融资的意愿或能力，尽管关于这个话题有很多研究和学术争论，但是这些理论效果的具体趋势和程度受到大量的不确定性的限制。

【28】同样地，一个国家可能并非选择通过一个专门针对破产的处理制度来应对个人财务困境带来的挑战，而是选择通过对判决以及其他债权执行的广泛限制来达到此目的。另外一个选择是一种可以被称作"消费者保护"的进取型体制，即使它也保护小型企业业主和另外一些并非"纯"消费者的人。相反地，自然人破产制度的存在可能会减轻或者加剧某国法律和社会基础设施的其他领域的压力。例如，债权执行效率低下问题、咨询和财务教育基础建构缺乏问题、信用规制的薄弱（或自由主义）问题，以及通过破产制度程度的强弱变化来应对创业激励问题，而非通

过更为直接的规定。

【29】如何通过社会或者经济规制（或者规制的缺乏），使用适当方法和位置去指导和影响行为，不同的政策制定者可能得到不同的结论。然而，作为自然人破产制度评估的一部分，必须考虑这样一个制度如何在广泛的社会因素中找到它的位置，以及这个制度如何适应在其他限制或允许自然人破产涉及的实践和行为种类的法律领域中所做的政策选择。这些实践和行为在下文第一章第八节中会讨论，同时第一章第七节第5条强调了在一个可能被标记为"非法破产"的不同政策选择的世界中，方法的多元化几乎是不可避免的。

## 第七节　自然人破产制度的范围、总体目标以及突出特征

【30】自然人破产制度的概念绝不是一个单一的概念。自然人会参与到可能产生债务和负债的各类活动中。财务困境可以通过不同的形式体现，破产可能源于多种多样的原因。政策制定者可以从差异极大的许多方法中选取能够解决不同类型不同程度的债务困境的方法。因此，任何关于自然人破产制度的讨论必须从考虑该体系所包含的主题范围开始，或者将这些主题留给其他领域处理。本节认定了本报告审慎限定的范围，聚焦于债务人的特点以及财务困境处理类别的特点。同时，本节阐明了各种应对自然人财务困境的体制在总体目标和关键要素上存在的主要区别，尤其是那些或多或少参与了商业活动的自然人。

## 一、处理破产，而非预防破产

【31】正如上文第一章第六节所讨论的，本报告相对狭义的主题处于一个极度宽泛的、与自然人财务困境有直接或者间接关系的一系列话题之中。和破产处理联系特别紧密的一个话题是破产预防。很多现行制度中的政策讨论和法制改革都包含了一种试图通过扩大征信报告和财务素养培训的技术手段来完全避免破产，从而解决破产问题的愿望。特别是财务素养教育可能被应用在一个处理既存破产的制度中——虽然财务素养教育的主要目的并不是处理既存破产，而是预防重复破产。

【32】关于对这些预防措施的需求、合适框架及其有效性的探索，还需要另一整篇报告的篇幅。这些措施较为复杂，是专家之间大量辩论和争议的对象。相应地，为了避免陷入并行的一系列争论，也为了保持文章重点，本报告不会讨论预防措施，而仅以自然人为背景讨论对现有破产的处理方法。

## 二、处理破产，而非处理贫困

【33】对自然人提供破产救济的制度常常被比作是提供社会救济（福利）的制度，尤其是对贫困人口来说。虽然破产制度和社会支持制度可以协同作用，而且在范围上可能有小部分的重合，但是这些不同的制度是基于不同的目标设计的。正如下文第一章第八节讨论到的，大部分破产制度的目标是以经济为核心，防止浪费和提高经济效益。虽然社会救济制度的结构和目标千差万别，但一般来说，社会救济制度即使不是唯一，也是最主要的驱动力，是对社会团结和社会

规划的人道主义考虑，它并不考虑是否会对社会某一部分产生积极的经济影响。虽然破产体制的一些目标可能也涉及同情和减轻痛苦的普遍愿望，但是经济状况和经济效率即使不是其主导目标，至少也是同样重要的目标。

【34】大部分社会支持体制的主要目标是向缺乏资源或者因为某些原因不能积累适当资源的个人简单重新分配收入或其他形式的资源。这样的重新分配往往持续相当长的一段时间，而且在提供时可能并不考虑个体的"需求"。社会援助制度主要的主要目的是保证每一个社会成员都可以得到最底限程度的资源，从而满足他们的基本需求，比如食品、住房和医疗等。当然，这一目标的特点在于对于如何划定合适的基线，观点并不一致。一些社会救助扩张到了去支持其他社会目标，例如繁衍和抚养后代（例如子女津贴）。这类社会救助的申请并不要求个人有任何债务负担。

【35】与社会救助相比，破产体制更像社会保险，旨在保护个人免遭财务上的不幸。对于一些债务人来说，破产制度可能体现的功能有点类似社会救助项目。这类社会救助项目被特别设计为向个人提供支持，帮助他们应对难以处理的债务，预防不必要的痛苦和社会排挤问题。但是破产制度并不提供现金支付的支持，而且并非每一个债务负担过重的债务人都面临着社会排挤和一贫如洗的状况。缺乏保证基础生活需求的资源很可能导致债务管理问题，但是这两个问题并不总是同时出现。确实，有人曾经质疑将破产救济扩张到那些完全地、永久地依赖社会救助的贫穷债务人的适当性。下文中第一章第八节讨论的债权人以及社会获得的很多收益在上述情况中就难以获得。另有人指出，即使在上述情况中，

也仍有若干收益，如与减少收债成本的浪费以及缓解压力和减少健康问题相关的收益，更遑论对债务人本人提供救济时所涉的人道主义和宗教考量。这些优势甚至——或许尤其——体现在涉及所谓的"无力履行判决"债务人的情形下，在一般的执行限制条件下，这些债务人没有财产或者收入可被债权人用来偿债。

【36】许多债务人在破产体制中仅仅暂时依赖社会救助，例如可能需要失业救助或医疗救助。破产体制主要服务于不受长期失能痛苦的人，或是因资源过剩而不需要积极社会支持的个人。破产体制主要是为能够获得足够收入支持自身和家庭的个人设计的，而且只有对他们才能发挥最大作用，但是过重的债务负担削弱了他们的主动性，降低了他们的生产能力。这些债务人并不寻求政府对他们生活更多的干预，他们在官方批准的浪费和破坏性的债权执行行为中，寻求更少的政府干预。其目标在于停止适得其反的收债行为，而非得到经济资源或其他资源。

【37】从根本上说，对抗贫穷和处理破产两个体制之间的主要差异在于：对于任何一个人而言，贫穷问题无法用一个程序来解决，但是破产中的实际问题却可以在一个程序中解决。破产的真正问题并非源于支付不能这一事实，而是源于债权人和国家未能认识到债务人支付不能而相应缩减对于未收债务无意义、破坏性的追偿。停止追偿，或为实现追偿至少达成合理妥协，这对解决不良债权对债权人、债务人和社会造成的核心实务问题，几乎是一个即时解决方案。

【38】有人可能会争辩说破产制度是拿走债权人的资源进行重新分配，但是如下文所讨论的，防止债权人产生可追

回债权的错觉并未夺走债权人真正的"资源",而仅是促使债权人接受现实,并停止对其空想收益的持续无益的追求。此过程中产生的损失很可能由社会负担,这与社会救助体制非常类似,就像债权人会增加信贷成本一样。但是在许多情况下,这是债务人支付不能这个事实导致的结果,而非由破产救济程序本身所导致。

【39】 此外,一个正常运作的破产体制应只对有需求的债务人提供救济,而提供救济的程序应力求简洁。大部分债务人能够管理他们的债务负担,即使他们在这个过程中会经历一些困难。只有小部分的债务人会期望从破产程序中获得救济。破产制度被设计为仅向有需求的债务人提供救济,这些债务人已被长时间的偿债义务压迫得无计可施。此状态经常被称为"过度负债"。虽然这一术语有多种定义[1],但其核心概念一般是:债务人对于现存债务持续的支付不能状态在未履行债务到期时也将存在。若无本报告中所设想的救济制度进行干预,该情形通常会导致债务人难以从日益增长的负债的恶性循环中脱身。可支配收入和债务偿还之间的比例失当很有可能是由生活中的意外事件引发的,例如失业、疾病、离婚或者其他减少收入或者产生意外费用的事件。任何一个设计周详的破产制度都会设置一些如下文所述的准入标准:通过消除或减轻难以偿还的债务负担,以及重振债务人的自立能力,破产程序应该非常快速地提供救济,而非在一

---

〔1〕 此处对"过度负债"定义的挑战所牵涉的讨论,尤其是在与破产等其他财务困境解决措施对比时,参见英国商业创新和技能部:《信用、债务和财务困境2009/10:运用舆观债务追踪调查数据完成的报告》(2011)。

段时间内逐步提供救济；在破产程序后较短的时间内，大部分从破产制度中受益的债务人可恢复到财务状况良好的状态，人们也不期待他们之后会去寻求更多救济。

### 三、自然人破产："纯"消费者 vs 参与商业活动的自然人

【40】自然人破产制度须与商事破产相协调。商事破产中出现的许多法律、政策和实务问题也会在自然人破产的语境下出现，这一情形尤其会在破产自然人参与或曾经参与过商业活动时得到突出体现（此时不论破产是否为商业活动的直接后果）。参见下文第一章第七节第 4 条关于商事破产和自然人破产的主要政策差异的讨论。

【41】在某些破产制度中，贸易商、手工业者、自雇专业人士可以成为普通破产程序的债务人，而其余的自然人可能会被排除在这些程序之外。另一方面，在许多其他国家的破产程序中，债务人至少在原则上可以是任何个人或实体，包括在私人、非商事领域内负债的个人。然而，如果该国破产法不包括债务免责，或者该国法律使得债务免责相当困难，即使有破产程序可用，未参与商业活动的自然人也很少申请破产程序。近几十年来，许多制度都发展为对自然人的债务救济，虽然为商业活动相对受限的债务人寻找具体解决方案是一个显著潮流，但是有些制度排除了进行重大、持续商业活动的债务人。

【42】正如在本报告前言中阐述的一样，ICR 标准适用于对商事破产的适当处理。对于有实质商业活动的自然人来说，商业活动产生的大部分或者全部负债可能会导致其

陷入破产境地，ICR 标准作为指导来源，为商事破产制度的合适方法与结构提供了指导。本报告并未削弱 ICR 标准的相关性。

【43】本报告与 ICR 标准的两处本质区别在于：首先，与 ICR 标准不同，如上文第一章第一节所述，本报告是一份提出指导建议的反思性报告。需要明确指出的是，本报告不是规范性文件，留待读者考虑不同政策选择以及各国对这一问题的不同敏感度得出自己的结论。此文件并未创造某种"标准"，也不含任何建议或"最佳方式"；相反，本报告仅指出一些特别显著的问题，并提供专家们对于世界范围内不断发展的实务以及实践结果的实证观察。

【44】其次，虽然 ICR 标准关注商事破产的解决——不论债务人是自然人或拟制主体，但本报告关注的是和自然人作为债务人最为相关的问题，而不论他是否参与了商业活动。诚然，ICR 标准关于若干问题的讨论与未参与商业活动的自然人破产处理同样具有相关性，例如破产代表以及其他制度管理人的作用和资格，又如与债务人以及债务人财产相关诉讼的暂停或冻结。这一制度设计十分重要，因为它为制订还款计划和其他解决方法提供了"喘息空间"。尽管如此，ICR 标准不是为了解决自然人债务人具体且往往独特的问题而设计的，此类自然人破产与商业活动关联有限，或根本没有关联。因此，此类问题便成为本报告的主要焦点。仅在商事破产和那些涉及很少或者没有显著商业活动的自然人破产这两者的明显差异需要被指出时，本报告才会提及主要的与商事破产或贸易商破产相关的法律问题。

【45】然而，本报告并不限于没有或几乎没有商业活动

的债务人。本报告的前提是：不论其破产是否涉及商业活动，破产的自然人都面对一些共同的关键问题，而且这些问题与 ICR 标准所讨论的问题在许多重要方面都有区别。所有破产制度都有分享关键要素和问题的潜力。尽管如此，本报告从这一立场出发：任何一个处于债务人地位的自然人，都能够提出独特的考虑，这些考虑与解决自然人破产问题的适当结构和评估相比，若不是更加重要至少也同样重要。就企业破产的规制而言，一个跨国公司集团和个体经营的本地小吃摊当然存在有关联相似性。然而，本地小吃摊摊主和没有任何商业活动的"纯"消费者之间的共同的特点，如果不是明显更加重要，至少也是同样重要的。

【46】本报告聚焦于自然人破产与拟制主体破产的区分问题，并且只从自然人破产的独特视角和他们特定的需求、动机以及其他特点出发，去解决共同的破产问题。换言之，正如下文第一章第七节第 4 条所述，本报告下文将集中讨论在自然人作为债务人的破产案例中，与其中固有的"人的因素"最为相关的问题。

【47】在自然人参与其他特定商业或者专业活动时，或许进行类似"范围"观察。例如，本报告突出了自然人参与农业经营的背景下必然会产生的问题，因此可以想象，本报告也可能适用于农民的破产。然而，需要再次强调的是，本报告的焦点是自然人以及在此语境下农民债务人和非农民债务人的共同问题。本报告很少提到关于自然人参与农业生产或参与其他特定产业的具体问题，但是本报告不应被解读为低估了参与农业经营的债务人破产相关的具体挑战的存在或重要性，例如土地所有制、政府补贴及农场经营融资。

【48】正如 ICR 标准明确承认的，在"商业活动""非商业活动"或"纯消费者"债务人之间做有意义的界分往往是非常困难的。自然人在商业活动终结后通常负担沉重的债务。这类债务可能由债务人以自己名义或者合伙经营的业务所致，而合伙人对合伙债务承担个人责任。因为债务人曾对有限责任公司的借款提供个人担保，所以债务人常常会对债务承担个人责任。此类债务人可能会与该公司有不同的关联，例如公司的股东、董事或者这类人的亲属。同时，以自己的名义参与小规模商业活动的个人，与陷入破产的工薪债务人，本质上情况是相似的。例如，如果债务的主要来源是房屋贷款或为他人借款提供保证，那么在工薪债务人与服务少数不同客户的债务人之间，几乎不存在明显的差别。虽然传统上这种商业活动在手工业者、工匠、贸易商、农民和专业性劳务提供者之间是常见的，但是过去几十年间劳动力市场的转型也造成了低技能服务提供者从雇员向个体经营服务提供者的转化。

【49】需要再次说明的是，在法律中是否划分或在何处划分商业（或农业）因素与个人因素的界限，或商业（或农业）破产因素的考虑在何范围内优先于自然人破产因素，留给读者个人评估。本报告突出了对于所有类型的自然人债务人都最为显著的因素，允许政策制定者在各国独特的环境下自己进行评估，决定是否以及在何种程度上对自然人破产中的具体以及统一的问题进行特殊处理。

## 四、商事破产与自然人破产的区别

【50】商事破产与自然人破产体制间的对比本质上是与破产和上文第一章第七节第 2 条所述社会救助间的对比相反

的。虽然社会救助项目通常几乎完全依赖人道主义目标，但是自然人破产救济也涉及强大的经济考虑因素。商事破产体制在另一个极端，即虽然自然人破产救济的确包括了人道主义同情的某些元素，但是商事破产政策几乎完全只受到经济考量的影响。至少，有些观点支持商事破产在性质上并非完全由经济主导。这回应了人们支持社区和作为挽救失败企业积极副作用的就业的愿望。此外，在自然人破产的语境下，减轻个人痛苦是一个更直接、更核心的期望。另一方面，在公司和其他法律主体破产中，债务人可以且经常完全解体并被允许死亡。与此相反，自然人破产体制的主要目的之一是避免债务人的这一命运，而不仅是考虑到其破产给债务人家庭或者社区的其他人带来的消极影响。

【51】如下文第一章第八节所探讨的，两类破产制度间有许多目的是重合的，例如，增加对债权人清偿和债权人之间更为公平的分配，减少浪费以及官方机构的过多负担，同时为了社会的最终利益而提高经济效益。人的因素往往会增加对这些经济目标微小而重要的变数。例如，让自然人债务人重新振作并且激励他们生产创收的目标。拟制实体不需要被"激励"去保持生产；虽然代价巨大，但它们的所有人（自然人）可以简单地先关闭企业然后在其他地方重新开始。即便如此，公司债务的重组过程会带来持久的生产力，避免了企业家在其他地方重新开展商业活动会受到的长期干扰。在商事破产的背景下，根本上需要保护的往往是商业背后的人的因素。如果一个企业家因无法获得任何个人破产救济而毁灭，获得未来生产力或者企业活力的机会也就丧失了。只有给自然人带来破产救济的制度才能抓住问题的要害。

【52】这两种破产制度不仅在目标与技术方面有所不同，而且他们背后的假设也因为某些重要的原因产生差异。例如，商事破产规则经常是在这一假定下制定的（往往未明确说明），即商事破产涉及的主体，包括债务人，都是完全理性的经济主体，并且是在得知完整和足够的信息后才承担或应承担债务。许多行为研究表明，这一基本假设在大多数自然人语境中完全不适当。[1]尤其是在债务人并无专家建议可参考时（常常体现为债务人以消费型贷款为主的情形），此时自然人的行为几乎无法与传统经济理想中的理性行为相一致，而理性行为也是商事破产制度建立的基础。同样地，商事破产制度中设置的正面或负面激励、收益或制裁，都不太可能影响自然人，尤其是那些未参与商业活动的自然人，正如无法影响那些有良好顾问资源的复杂商业实体一样。

## 五、各国法律制度下自然人破产处理的差异

【53】在设计和实施自然人破产体制的过程中，最有可能发生的是，并非所有情况都能适用同一模式。正如上文第

---

〔1〕 例如参见奥伦·巴尔－吉尔："信用卡的诱惑"，载《西北大学法律评论》2004 年第 98 卷，第 1373 页；索尔·施瓦茨："个人破产法：行为的视角"，载约翰娜·涅米－凯思莱恩等：《全球视角下的消费者破产法》2003 年版，第 61 页；罗素·B. 克罗布肯、托马斯·S. 尤伦："法律和行为学：去除法和经济学的理性假设"，载《加州法律评论》2000 年第 88 卷，第 1051 页；乔恩·D. 汉森、道格拉斯·A. 凯撒："慎重对待行为主义：市场操纵问题"，载《纽约大学法律评论》1999 年第 74 卷，第 630 页；克里斯蒂那·琼斯、卡斯·R. 桑斯坦、理查德·泰勒："法和经济的行为路径"，载《斯坦福法律评论》1998 年第 50 卷，第 1471 页。

一章第六节所述，不同地区、国家、团体，甚至个人，对债务、风险及债务免责的宗教、道德、文化以及经济意义等方面的看法差异极大。与之类似，人们对其他重要话题的看法也大相径庭，包括集体责任对个人责任、社会和个人间义务的转移，以及正式与非正式的争议解决。一些更为具体的因素也为支持破产制度建立了十分不同的基础，包括各种各样的机构权能，银行或其他贷款部门的稳定性以及经济活动的范围和性质，特别是广泛存在的个人对非个人的涉及信用与借款的交换和活动。并非所有债权人都是大型机构，同时宣布某些债务无法收回产生的涟漪效应会对小型经济造成严重破坏，尤其是建立在密切私人关系上的经济关系。然而，正如下文所述，可能是破产这一事实，而非确认和救济破产的制度，应该为这个问题负责。影响破产制度以及被破产制度影响的因素在第一章第六节已提及。

【54】鉴于情势、理念及能力方面广泛存在着根本差异，国际机构必须注意防止形成"主流"方法，强迫某国采用与本国情况不配套的制度或制度的某些方面。在许多国家这样的制度可能或多或少是有吸引力或者是可行的。同样的，这些制度的某些方面可能对于某些社会、文化、经济、政治和司法体制来说更加合适，自然人破产制度的现状就体现了这一点。尽管当今有二十多个国家都采用的成熟的自然人破产制度之间存在紧密的联系和诸多相似性，但是这些体系的结构和运行仍然存在差别，这些差别在不同国家常常十分显著，即使在北欧、中欧和西欧一些近邻国家之间也是如此。本报告将对这些差别进行探究，但形成这些差别的原因却仍然很难，如果不是不可能，去充分解释。

【55】鉴于这些考虑，本报告并不提供解决方案和直接建议，而只是简单提出一些反思。本报告代表了专家学者们的观察，这些想法并非针对该领域的前沿状态，而是针对破产救济体系不同方面采取的不同方法，以及过去几十年以来破产制度蓬勃发展过程中体现出的收益和阻碍。基于对现行制度的实证观察，本报告指出了自然人破产制度中需要考虑的问题，解决这些问题的替代方法，以及不同选择带来的结果。本报告并不试图说服世界各国的政策制定者，让他们将现行制度作为学习样本，而是通过思考越来越多的从自然人破产体制中受益的国家所经历的成功与斗争，从而丰富他们自己独立发展的过程。

## 第八节　自然人破产的基础

【56】评估一个自然人破产体制时，需要考虑到该体系具体的有利效果。尤其如上文所述，需要将这些效果和其他相似体系追求的效果区分开，例如，社会安全网（福利）以及商事破产。在考虑是否采用自然人破产制度，以及在该体系结构里的各个方面可以采取何种方法时，立法者应当记住需要达到的一系列目的，以及这些目的和该国文化、政治和经济情况的相关程度。

【57】过去几十年间，许多地区的立法者都已明确指出并评估一些可以通过自然人破产制度取得的预期收益。这些收益至少可以分为三个不同的类别：第一类，债权人收益构成了历史上破产制度的主要目标，直到 20 世纪下半叶，商事债务人一直都是破产制度主要的，如果不是唯一的设计对象。

第二类，关于破产体制一些近期的讨论，尤其是特别为非商事债务人所设计的破产制度，着重于债务人及他们家庭的收益。虽然债权人－债务人之间的关系常被视为简单的二元关系，第三类更为实质的收益最近同样也受到了大量关注，即对于更广泛的社会重要组成部分以及社会整体而言带来的广泛收益。正如下文讨论所展示的，第三类包含了更长也更为重要的收益清单以及自然人破产体制的目的。立法者正是在这一类上集中投入了最多注意力，评估对这一制度的需求以及预期效果。总而言之，政策制定者应已注意到在评估这三类利益团体收益与负担分配时保持平衡的重要性。

## 一、债权人收益

【58】破产法律体制从来就不在真空中存在。从债权人的视角来说，这样的体系作为对协调系统弱点或失灵的回应，在很大程度上是必要的。破产体制主要通过解决普通债务执行（收债）制度的两大弱点，使债权人受益，即：①无效价值寻找机制，以及单个债权人盲目进行申请执行的诉讼，这些诉讼对他们自己以及其他债权人都不利，而且还会带来浪费。②可得价值的偏颇清偿，对某个或某些积极的或有经验的债权人不公平的分配，这会损害所有债权人的集体利益。理论上只要重构执行体系，这些弱点是可以被克服的，不需要单独的破产制度。一些国家已经提出类似的方法，但是至今为止，立法者似乎已经得出结论，就增加对债权人清偿，加强所有债权人之间的公平分配而言，破产制度代表了一种更为高效和有效的方法。这类收益及支持这类收益的理论，在参与商业活动的债务人破产语境下和"纯"消

费者的破产语境下，很大程度上是相同的，而且自从正式
回应财务困境的想法出现至今，这些理论基本没有改变过。

（一）增加个别债权人清偿

【59】最根本的是，破产制度可以通过完全替代普通债
务执行体系作为收债机制的选择，来解决普通制度的弱点。
当普通执行体系被形式、限制条件及各类低效事宜所阻碍时，
独立的破产制度可以为债权人提供一个更有效的方法——可
能也是唯一的有效方法——以迫使债务人清偿。然而，即使
普通执行制度运行得相对良好，破产制度也可以通过若干重
要的方式增强普通制度的运行。

【60】优化集体破产制度的最简方式是消除在众多个别
执行诉讼和债务人财产减价出售过程中固有的浪费。如果没
有集体破产制度，每个债权人都须调查债务人的财产并自己
负担调查费用。如果债务人主张财务困境，每个债权人都需
要决定债务人支付不能的主张是否可信，避免对未来的无效
收债继续投入资源。在近期的案例中，几乎没有一个债权人
有动力去将有限的财产池价值最大化或是在减价出售时避免
价值浪费。在信息不对称和不确定的双重负担下，为了保护
自己的利益，每个债权人都有动机把钱花在执行行动上，他
们贸然行动想获取尽可能多的价值。如果财产不产生超出执
行费用的收益，个别、未经协调的执行行动就会产生重大损
失。即使可以得到显著的财产价值，执行行动也必然会损害
价值，同时会增加许多，如果不是大多数，债权人的损失，
而这些损失原本是可以通过协调的集体行动避免的。破产制
度可以为债权人提供更有说服力的证据表明进一步收债的愚
蠢，使得债权人避免这一系列执行行动失败带来的费用。对

于任何可收集的财产来说，集体破产制度将执行的管理费集中到一个程序里，在该程序中管理人会为了全部债权人利益而将财产价值最大化。

【61】另一个相关的优化方法与认定和定位债务人财产有关。财产价值最大化要求债务人首先要找到财产。即使找到一些价值来源的线索，单个债权人也面临着寻找价值来源的巨大花费，常常还要与想逃债或者至少制造索债障碍的债务人竞争。普通执行程序一般包括一些迫使债务人透露财产地点的机制，但是和消极的威胁相比，积极的激励手段一般更有效。至少，如果债务人确信自己只需在破产集体程序中经历一次查问，从而避免他们的生活被多次打扰，债务人会更愿意提供关于财产地点的信息。更有可能的是，破产程序能够提供一种激励，这种激励以更新后的收债行为的全面延迟甚至债务免除为形式，以使债务人愿意透露当前财产地点的信息。

【62】虽然这些"以资产为基础"的收益在商事语境下非常吸引人，但是在自然人语境下，尤其是对于那些没有进行持续商业活动的自然人而言，它们的价值就大打折扣了。虽然参与商业活动的自然人可能有营业财产可分配给债权人，但是当申请执行程序的数量逐渐增多时，大部分个人债务人的财产已所剩无几。正如在第二章第五节第 2 条中所述，仅当债权人能获得某些未来价值的来源时，他们才可能从自然人债务人处得到清偿。幸运的是，对债权人来说，自然人不会像公司一样在破产程序结束时因解体而不复存在。自然人会继续通过商业活动、工作或接受某种外界支持而创造收入。比定位财产更为重要的是，破产制度的价值在于通过鼓励债

务人的生产积极性去创造财产，推动债权人接受为未来价值让步的清偿方案，以及监督该让步清偿方案若干年中的实施。经验表明这类收益在自然人未参与商业活动的情况下会被严格限制，正如下文第二章第五节所述，但即使是受限的收益也比确定的损失要好。自然人破产制度的另外一个效果是鼓励对债权进行适当估价，债权人通过此方式承认他们的损失，多数制度中债权人亦可据此申请税收减免（见下文第一章第八节第3条第1款）。

【63】大部分普通执行程序并不包括迫使债务人工作以为债权人创造未来价值的机制。诚然，19世纪中叶大部分地区废除奴隶制和劳役偿债这一事实，使得各种迫使劳动偿债的形式变为非法。监禁债务人并非是一个迫使其偿债的可靠手段，通过监禁债务人来鞭策他工作以偿付债权人也是一个显而易见的悲剧性讽刺。因为许多和奴隶制以及劳役偿债同样的原因，债务监禁在大部分地区已被抛弃，虽然这也是因为以此类方式清偿债权人相当无效率。

【64】今天，虽然债务人的人身已经和债务执行分开，但是其财产却并未分开，而且最重要的财产（即工资和其他收入）已经成为偿债诉讼的主要目标。在20世纪中期的许多破产制度中，扣押工资及债务人的其他债权是被限制的，但即使有这些限制，扣押仍使债务人大部分收入处于被债权人征收的危险中。如果债务人大部分或者所有的未来收入都注定要归债权人所有，那么债务人就几乎没有什么创造收入的动机，而且债务人自然会有"罢工"的动机并索性拒绝为了债权人的利益而工作。债务人可能仅依靠公共救助来支持自身和家庭的生活，或者他们可能退回到地下或者"黑市"

经济，仅仅创造那些不会被债权人拿走的价值。诚然，即使在一些特大国家的正常经济中，自然人债务人可以很容易地通过不停调换工作和隐藏全部营业收入就暂时或永久地阻止债权人找到其财产以供偿债。

【65】这里要再次提及的是，积极激励的有效性远远大于惩罚，为使债务人创造并与债权人分享价值，破产制度可以为债务人提供债务暂缓或免除的激励。如果没有破产体系提供的激励，债权人通常得不到清偿。债权人尽其一生向债务人进行毫无成果的追索，而债务人则完全从正常经济生活中消失。许多国家过去几十年的经验都证实了破产制度的有效性，即通过激励债务人为债权人创造价值，而这一结果通过其他方式都是不可能实现的。

【66】使得债务人创造价值的必要因素是达成一个关于分配该价值且对所有债务人都有拘束力的妥协方案。在一般执行体系中，每个债权人都要决定债务人未能完全清偿的妥协方案是否合理可接受。正如下文第二章第一节所述，非正式协商仅仅在自然人债务人处于公司环境下才常见，但因为多种原因，债权人往往认为自然人不如公司经理可信。同时，就合理牺牲与完成义务的道德强制力来说，债权人对自然人与对公司的看法和期待常常明显不同。一个和解提议，债权人可能会认为其对企业而言是个合理的商业方案，但如果由个人提出，债权人往往更多从道德角度审视，也更加挑剔，对未参与"道德中立"商业活动的个人尤其如此。适当的个人牺牲以及生活水准的问题，使得决定是否向个人债务人追债变得更加复杂。

【67】协调大量个人债权人的决策，以接受债务人能提

供的任何清偿，这体现出一个典型的集体行动的问题。如果没有外部控制，这一问题是不易解决的。在破产制度中，中立的管理人可以更高效和有效地协调调查债务人生产能力、估价以及协商工作。债权人更有可能接受中立管理人的结论。债权人授权管理人以达成最合理的妥协协议，并通过克服个别债权人的非理性坚持和冲突战略行为问题而使集体受益。

【68】对于债权人来说，破产体系最后一个潜在利益是持续监督。一旦与债务人达成妥协协议，需要有人确保债务人遵守新的约定。在非正式和解中，每个债权人都需要自负开销，用以监督债务人持续的财务状况和和解协议下的表现。破产体系可以再次消除重复监督造成的浪费，将任务集中在管理人身上。与任何个人债权人相比，破产管理人有更大的审查债务人活动的权力。如果债务人不履行约定，管理人有权采取救济措施，进一步减轻债权人向债务人追索最大清偿的负担。

（二）提升债权人集体清偿分配的公平性

【69】除了增加对每一个债权人的清偿，破产制度也可以仅通过其集体性质增强一般执行体系的效果。通过一次性考虑所有债权人的利益，破产制度能够更好地保证在所有债权人之间实现可得价值的公平分配。尤其对于不能或不愿向债务人进行个别清偿诉讼的债权人来说，或者对于处于不利谈判地位的债权人来说，破产制度将给这些不成熟的债权人带来收益。在一个债务人自己有寻求救济的动机而不是等待债权人参与到其中的破产体系内，这一效果的确会增强。精明的个人债权人情况好一些，参与到一般执行体系中可攫取所有可得到的价值，什么都不给其他债权人留下。但

破产体系鼓励债务人参与集体救济，这为没有经验的债权人提供了上文所述的所有收益，且不需提起任何诉讼或支付任何费用。

## 二、债务人及其家庭收益

【70】与增加对债权人清偿的目的相比，为"诚实但不幸"的债务人提供救济可能是自然人破产制度长期以来的更为显见的主要目标。虽然在过去几个世纪中，商事破产制度发展几乎唯一的目标就是增强对债权人清偿，但更长的时间里，破产体系同样也为债务人提供救济。几千年来，政策制定者以与减轻债务人痛苦相关的多种动机，包括宗教信仰、社会团结理想以及减轻长期痛苦的同情和人道主义的基本感情为基础，建立了类似于破产制度的法律框架。

【71】难以处理的债务负担给债务人造成了诸多心理甚至生理上的严重问题。实证研究记录了债务人被无法还债和无法摆脱的失败感所困扰，因而产生恐惧和焦虑，给他们造成了普遍而深刻的痛苦。[1]无法还债或债权人骚扰会导致债

--------

〔1〕　例如参见劳拉·崔、旧金山联邦储备银行："经济压力及其对个人和社区的物理效应"，载《社区发展投资评论》2009年第5卷，第120页；AP-AOL/ABT SRBI，"信用卡/债务压力研究"（2008），获取地址：http://surveys. ap. org/data/SRBI/AP-AOL% 20Health% 20Poll% 20Topline% 200-0808 _ FINAL _ debt% 20stress. pdf；Fr. 邦·奥尔森：社会正义，ADVOKATBLADET, nr. 1（1972）；莎拉·艾玛米："消费者过度负债和保健成本：如何从全球的视角解决问题"，载《世界卫生组织世界健康报告》2010年第3卷背景论文；本库·戴根－本、查尔斯·格兰特："家庭债务偿还行为：机构扮演怎样的角色？"，载《经济政策》2009年第24卷，第107页；奈杰尔·巴尔默、帕斯科·普莱森斯等："极度焦虑：债务问题的经验及其与健康、疾病和残疾的关系"，载《社会政策和社会的关系》2006年第5卷，第39页。

务人长期焦虑，因而产生严重情绪问题以及一些其他问题，包括抑郁和社交退缩。讽刺的是，巨大的债务负担可能导致债务人无法将注意力集中在工作和其他职责上，妨碍了债务人以负责任的态度管理财务困境，因此陷入恶性循环。如此绝望的境遇，不仅削弱了债务人参与有成效工作的动机，也剥夺了债务人的基本乐趣甚至是生活下去的希望。

【72】如果不加以解决，精神疾病会体现为严重的身体疾病。高度压力和长期焦虑会使债务人产生各种各样的身体疾病，包括失眠、难以在工作时集中精力，甚至更严重的消化不良、心脏和神经问题、虚弱和抑郁症，甚至产生自杀的想法。在某国，自然人破产制度的产生很大程度上是为了回应一位医生的呼吁，这位医生观察到身体疾病的高发病率与适得其反的收债体系有着直接联系。在另一国，媒体报道了许多债务人因破产而陷入绝望最终自杀，这些报道使大众注意到债务人的绝望困境。

【73】破产处理制度为债务人提供较为直接、及时的救济，这些措施帮助缓解债务人的压力、焦虑和其他负面情绪，以及治疗债务人因无法管理债务而产生的身体问题。研究表明，破产体系中的债务人只要得到一个简单甚至是暂时的救济，这些深陷于焦虑、内疚、耻辱和绝望的债务人，都能得到极大的宽慰。[1]世界上许多政策制定者都已得出结论：缓

---

〔1〕 See, e. g., Götz Lechner & Wolfram Backert, "Menschen in der Verbraucher-insolvenz: Rechtliche und soziale Wirksamkeit des Verbraucherinsolvenzverfahrens einschlie? lich Darstellung der Haushaltsstrukturdaten des untersuchten Personen-kreises", in BMFSFJ, MATERIALIEN ZUR FAMILIENPOLITIK, *LEBENSLAGEN VON FAMILIEN UND KINDERN*: *üBERSCHULDUNG PRIVATER HAUSHALTE*, 2008, pp. 33 ~54.

解债务人的长期痛苦本身就是一个值得追求的目标。

【74】然而，正如下文所述，债务人获得的大部分收益都会在社会上产生外溢效果，关于现代自然人破产制度的讨论往往必须依赖于更广泛的利益，而非仅对个人债务人的同情。

【75】注意力从债务人稍稍转移到他的家庭就能得到更广泛的重要收益。债务人的配偶与孩子自己没有犯错却也遭受痛苦，因此尤其值得同情和帮助。无望摆脱财务困境的债务人的孩子，因为生长在一个被债权人不断催债和财务紧张的家庭中而遭受严重的有害影响，特别是在家长（债务人）因为长期压力而退出生产性经济活动时。这些童年的影响会体现为成长后期的很多问题，例如因社会排斥而导致社交能力差，以及对于财务责任、交税和参与生产的消极态度。本文已开始论及以下的更广泛的多个目标：保证孩子在一个对责任和工作建设性参与的健康环境中成长，不仅对债务人及其子女有益，也对整个社会有益。

### 三、社会、国家及国际收益

【76】如果财务困境是孤立现象，仅仅影响一小群人，那么官方的破产处理机制很可能会被认为是道德或者政治需要。对于少数债权人和债务人来说，他们获得的收益与上文所述是一样的，但是这些收益并不能说明建立和管理一个救济制度所需的努力和其他的巨大成本是有必要的。即使财务困境程度已高到需考虑正式救济，但是正式救济直接影响的债权人和债务人数量却比较有限，只占总人口的一小部分。因此，自然人破产制度的主要目的并非是基于特定债权人和

债务人孤立的收益，而是基于更广泛的社会收益。在此基础上，债权人和债务人会对这些社会收益产生多重重要的间接影响。

【77】破产制度背后最强大的推动力是减轻未经监管的不良债务带来的消极系统性影响。因此，正如上文第一章第六节所述，在某些缺乏不良债务广泛实例基础的社会中，或者，如果通过例如家庭、部落或村庄的集体责任等文化回应可以有效解决不良债务问题，那么自然人破产制度可能并不能服务于足够实质性的目标，以保证制度的实施成本。但是，传统的集体救济方法已经开始衰退，人们很可能需要一个社会回应。这一需求并非为了个人利益，而是为了在复杂的社会关系网中流动的后续利益。

【78】这些社会利益大致可以被分为两类。第一类包括与规范债权人有关的各种利益。要让债权人意识到这个现实：债务人已陷入财务困境，债权人享有的债权是低价值债权。此类利益会内化债权人宽松的信用评估的成本，对成本进行更为有效、公平的社会再分配，社会也因得到信贷而受益。第二类关注债务人的参与和生产力最大化的国内和国际利益，尤其是在国际市场竞争日益激烈的背景下。

（一）建立适当账款估值机制

【79】对于机构债权人来说，他们的应收账款价值在与更广泛的社会的各种互动中非常关键。对这些应收账款进行适当估值是至关重要的，在此基础上，投资人和监管人可以管理他们与债权人之间的关系。投资人对此类公司的管理和投资，很大程度上往往依靠对这些账户预期现金流和价值的准确观察，主要是观察预期现金流和价值。更广泛地说，政

府监管者经常依赖账户价值报表，尤其对于信贷机构，政府监管者会评估这些机构的能力，判断监管介入的需求，以及允许这些机构吸收存款或管理个人账户上的金钱。

【80】应收账款估值的一个关键部分是评估最终从债务人处收回账户结余的可能性。虽然大量账款能够通过普通程序收回，但是债务人的财务困境浪潮却能够迅速侵蚀账款的真正价值。即使机构债权人真正察觉到这些价值被侵蚀，但是却仍旧难以评估这个问题的整体范围和程度。为了维护其在外部利益相关者中的良好信誉，债权人有很强的动机去低估财务困境的程度，他们可能会严重低估一些账户清偿的延迟，或者无法将坏账作为无价值债权核销。人性中有过度乐观的倾向，而机构债权人希望向投资人和监管人报告令人可喜的数字。这两者的结合，经常会导致对债权能否收回做过度乐观的估计，这种过度乐观也会体现在对财务困境债务人债权的估值上。

【81】如果一项关键财产（例如账款）的价值被不恰当地夸大，一旦真实的情况被发现，一连串负面连锁反应就会迅速蔓延。如果这是由一系列意料之外的债务人违约引发的，那么就会立即发生较为严重的负面后果。21世纪前十年末期住房危机始发自美国而后蔓延至全球经济，就是这一问题的鲜活例证。银行和投资人的贷款利益由房屋抵押担保，但是他们很晚才意识到，债务人的财务危机极大削减了这些贷款的价值，对住房担保的过高估值也加剧了这一问题。对于可挽救的不良账款来说，债权人未能采取适当的挽救行为，以帮助债务人回归到可以正常偿还债务的位置。类似的故事也发生在了许多不同类别的应收账款上。

【82】会计准则反映了不良资产账户适当贴现的需求，同时银行的各项规定往往要求不良贷款在较短时间内核销。某些国家的规定和监管人对此采取严厉态度，但在另一些国家，账款和银行规定的标准却相当灵活，使得机构债权人能够传达关于他们账户价值的误导性信息。如果这一情况拖上几年，那么账户估值过高的副作用就会大大增长。当价值毁灭的破产现实被确认时，再想避免严重后果已经为时太晚，它的影响范围远远超过债权人自己的资产负债表。

【83】一个破产体系不能完全避免这一问题，但是可以迫使债权人更为及时地认识到财务困境已经毁坏或削弱了他们的账户价值的现实，从而迫使债权人接受适当的救济手段。通过正式公告和确认债务人偿债不能的现实，可以促进对债权人不良贷款投资组合更有效的重新评估，并且在对债权人投资和监管过程中作出更为合理的决定。另外，确认债务人偿债不能，在大多数制度中也可能产生税务上的效果，使得债权人能够对自己的损失申请税务减免。最终，所有这些效果能够营造一个更为健康的环境，使得债权人在金融社会以及投资和管理方面发挥越来越重要的作用。

【84】对破产救济制度削弱机构贷款人资产负债表（或是整个贷款行业）的恐惧，很可能会忽略一个艰难却重要的现实：并不是破产救济制度破坏了价值，而是债务人破产这一事实本身破坏了价值。扶持机构债权人，甚至扶持这类债权人的整个行业可能仅仅是拖延那些不可避免的后果。认识到债务人破产的事实，并且咽下破产救济体系的苦药，能够使债权人和其受困的行业回到正确的道路上，向着健康的金融交易发展。试图通过把不良贷款当成良性贷款来拖延调整

方案，很可能会增加借贷行业危机的严重性和持续时间，直到其不得不正视债务人破产的事实。

（二）降低无益收债费用及因财产减价出售带来的价值损失

【85】有些国家的政策制定者表达了这种担忧，即执行体系中往往会出现某些债务仍可执行的假象。当债权人参与到官方收债机制时，债务人不是没有任何财产，就是财产少到只能支付收债费用，这种现象就变成了一个问题。在某些情形下，债务人的财产被查封，并且出售后的价款只能偿付查封和出售的费用，这一清偿过程除了产生无谓损失，并无其他作用。问题在于应该如何选择，是选择不去干涉债务人微薄的财产，还是选择重新分配其微薄财产，虽然这种分配对执行机构和处于困境的拍卖买受人来说并不能达到预期的社会效果。

【86】当债权人被允许对绝望的破产债务人申请执行诉讼时，至少会产生三个负面效果：首先，法院已经积压了大量的一般执行诉讼，使得已经负担过度的资源愈发紧张。在许多国家，一般的一审法院在许多其他类型的普通诉讼外，还要负责收债案件。收债案件中的责任一般没有争议，但是因为债权人还有通过判决向破产债务人收债的一线希望，他们占用了法院系统的稀少资源，希望取得一个缺席判决，但是在现实中往往是难以收回债务的。虽然债权人承担了这些程序的一部分费用，但是他们的申请费并不能完全涵盖司法系统在这一形式主义而且徒劳无功的过程中负担的直接和间接的费用。其次，如果官方机构要承担对这些徒劳无功的判决的执行工作，它的时间和资源也会白白浪费。即使向收债

的债权人收费，这些费用也无法完全收回。最后，如果确定有可得到的财产，那么这些财产的价值常常在支付执行费用时被消耗，使得债权人的实际收债情况在很大程度上很大程度上或者完全没有变化，因为这些财产的真正客观价值在低效而零碎的出售过程中被浪费掉了。诚然，许多政策制定者已经意识到了第四个负面后果，即剥夺了对于债务人来说有重大个人意义的财产，这些财产对第三方可能并无类似价值，债务人巨大的重置成本会进一步加剧这一后果。

【87】破产制度能够降低或者消除这类浪费。不是让法院承担对多种收债诉讼的管理工作，而是通过一个集体的程序高效和有效地确立债务人破产的重要事实，同时为法院节约时间和其他资源。如果通过一个客观的评估，迫使债权人接受现实，即他们的债权无法通过债务人微薄的财产价值清偿，债权人会避免浪费他们自己的上述资源，也会避免浪费司法和执行机构的官方资源。此外，如果一个冷静、中立的管理人能够合理评估某一财产真正可用的价值，就可以避免因查封和出售个人财产而造成价值上的无谓损失，也可以把这一财产保留在可以保持其最大价值的场合。这一方法不仅是简单的人道主义考虑和给债务人提供安慰和便利，同时也使资源得到更为合理的分配，任何社会都能从中受益。

（三）鼓励负责任的放贷及减少消极外部影响

【88】破产制度旨在预防的多种危害，都代表了至少部分是由于债权人的错误风险评估导致的成本。尤其是在个人借贷的现代背景下，辅以广告的大力宣传和资信评分的计算机化，就管理违约和债务困境的必然风险来说，经验丰富的机构债权人的地位远远优于大部分借款人。通过将出借人自

身过于激进的信用决策的风险集中，破产制度能够鼓励债权人参与到更为负责的信用担保和贷款展期中。

【89】当债权人发放了最终会违约的贷款，虽然是债权人自己引发了这些成本，但是他们也会将成本外部化转嫁到其他人身上。对于债权人来说，这些成本是可预期的，几乎是高风险、高利润借贷的积极扩张的商业模式乐于接受的损失。如果积极扩张的借贷模式能从有清偿能力的债务人处得到可与损失相抵的可观收益，就算有大量损失也是可以应付的。债权人可以将损失比例计入业务成本，从而降低他们自身宽松的信贷担保决策的影响。他们可以根据预期的损失进行规划和调整，降低非意外发生的违约事件的影响。

【90】相比之下，债务人和社会要么缺乏能力，要么缺乏条件，因此无法为将来的违约风险进行有效的规划。尽管有人可能会认为，如果违约风险太高，债务人可以通过简单地避免贷款而处于防止风险的最佳位置，但是这说起来容易做起来难。大量行为经济学文献揭示了人类的认知并不适合在不确定因素下做出决定。借款人受困于过度自信的偏见，他们会高估成功的可能性，而低估违约风险。同时，在最终信贷成本上，他们也打了比现有物品未来预期价值更大的折扣。这些倾向被经验丰富的贷款人获知，也往往会被他们利用。即使借款人能够将数据上可能造成的损失计入他们的投资和借款决定，债务人仍旧不能就未来风险达成适当平衡。

【91】诚然，对于某些债权人来说，相较于更为勤勉的信用评估和担保过程带来的成本，预期违约成本很可能更少。"发薪日"贷款和其他"次级"贷款行业为这一商业模式提供了一种极端的说明。这些债权人能够准确预知，很多低收

入至中等收入借款人将无法按时偿还借款。因此，他们的商业模式导致了这些损失，而且在对未按时还款的借款人收取高昂违约金和罚款之外，这些损失最终通过对每位借款人收取大量费用来弥补。虽然预期的债务违约率很高，但是这一行业享有惊人的盈利能力；确实，可以说正是因为预期违约率很高，才会有如此高的盈利能力。

【92】这些债权人和很多其他债权人，仅仅是将他们宽松的信用担保导致的损失外部化到第三人。如果其他借款人自身的信用被合理评估，他们就会付出远远高于现在的费用。这些借款人所居住的社区需要忍受经常性连锁债务带来的不良影响；法院系统投入时间和其他资源为无法收回的违约债务作出判决；社会需要忍受一直存在的被永无止境的债务漩涡所困的恒定下层阶级债务人。在极端的个案中，这一过程甚至导致一些债务人自杀。由债权人次级贷款引起的这些成本不仅无法被这些债权人消减，而且这些成本代表了使投资收益递增的杠杆，而这也是次贷商业模型的核心。

【93】需要再次强调的是，破产制度虽然无法消除这些问题，但是却有减轻这些问题的独特潜质。除了直接减轻本节讨论的其他负面外部影响之外，破产制度能够加强债权人对更负责的放贷模型的关注。[1]得知借款人有现成出路的债权人会有动力去进行更为谨慎的贷款担保。这些债权人在他

---

〔1〕 参见金融稳定委员会："消费者金融保护之信贷特别关注"（2011年10月24日），Section 4.1，获取地址：http://www.financialstabilityboard.org/publications/r_111026a.pdf. 参见世界银行："关于金融消费者保护的良好实践的报告"，获取地址：http://siteresources.worldbank.org/EXTFINANCIALSECTOR/Resources/Good-Practices-for-Financial-Consumer-Protection-Draft.pdf.

们的信贷决策中，会有承担他们自己所预计的风险的动力，而非依赖于债务人的盲目和过于自信，也不会依赖于债权人自己将预期违约损失外部化或者抵销的能力。最终，为了避免风险的持续扩张以及次级贷款的外在杠杆作用，对某些极端贷款实践的直接规范是必要的。同时，考虑到挑战非法掠夺性贷款涉及的成本，集体破产程序可能是此类实践能够被债务人有效挑战的唯一平台。对于基本贷款和次级贷款来说，破产制度更加重视负责任的信贷和避免更易预见的损失，同时也将更快、更直接地导回到贷款人的损失。这就为所有人创造了一个更加安全和健康的贷款行业。当然，信贷行业和贷款实践的管制问题比破产法对该领域的影响要更为宽广，但是自然人破产法可以在推广负责任的放贷实践中发挥突出的作用。

（四）集中损失并进行更高效和更有效的损失分配

【94】负责任的放贷及避免损失的硬币的另外一面，是将必然损失集中在最适合的一方，通过高效、有效、公平的损失分配而带来的密切相关的利益。如果不能履行偿债义务完全是债务人不负责任或不道德的一个功能，那么将不良行为的后果再分配到社会其余成员身上本身就是不可取的。但是违约并非完全是债务人可控范围内因素的后果。农业社会中的债务人受制于天气和其他环境因素，工业社会中的债务人受制于经济周期和商业发展，现代金融社会中的债务人受制于货币价值和看起来与债务人生活相当遥远的金融公司行为。与此类似的是，经济周期可能会对债务人的房屋购买和投资决定产生损害。诚然，许多世界经济体的全球化进程使得债务人受到世界上遥远地区力量的控制，这些力量的影响

既非人们预料的，也非可控的。任何社会里的债务人都受制于潜在的健康问题、离婚、分娩以及生活中各种各样的事件，使得原本能够管理好的预算紧张到极点。许多人都是月光族，失业、医疗紧急情况或者是离婚很可能将债务人推到经济边缘，导致债务人寻求破产救济。诚然，在贫困或近似贫困的情形中，仅是延长"处于危险边缘"的状态这一事实，就可能使低收入债务人暴露在不断出现的风险中，他们甚至可能无法偿还数额不高的债务，即使这类债务人是在经济状况相对不错时负担债务也是如此，遑论更为常见的现象可能是债务人在极度绝望中负担债务。

【95】某些债务人身上集中发生的悲剧很可能对他们造成毁灭。但是将负担分配、分散到社会其他成员身上就会产生一个公平和团结一致的解决方案，这样可以避免造成毁灭性的结果。人人都做出一些贡献，以换取在绝境中获得救助的承诺。许多现代社会使用保险来公平、有效地对必然人员伤亡损失进行再分配，而非适用直接收集—分配的方法。这些损失可能是意料之中但又无法预知的一些现象造成的，例如火灾、天气和机动车事故。破产制度通过对意料之中但又无法预知的财务困境带来的必然损失进行再分配，具有类似于保险的功能。没有人能够准确地预知财务困境会在什么地方产生，但是，在任何既定财务困境情形之后负责相当一部分债务的贷款人，能够将累计损失计入他们的商业模型中，同时可以将类似损失产生的成本计入他们对所有借款人收取的费率中。正如上文所讨论的，使个人借款人遭受财务困境可能性增加的贷款人应该承担因此带来的损失。同时，如果类似行为变得极端，采取一些官方规定的措施可能是一个恰

当的回应。但是对于"诚实但不幸"的借款人来说，如果他们已经满足了破产制度的准入标准，贷款人的作用自然就是将所有借款人因必然财务困境而带来的成本增加进行集中和再分配。尽管有违约的风险，所有借款人还是都能从可得信用中受益，都能从具有安全阀作用的破产制度产生的多样性的正面影响中受益，因此他们能够被正当地预期分担广泛分配的违约和复原成本。

【96】有人曾说这种方法对"负责任"的从未违约的借款人造成不公平的惩罚。该观点与将机动车保费和对从未经历过事故的安全驾驶员进行惩罚等同的观点相似。不论驾驶员开车时有多谨慎，他也永远不知道，在什么时候因为一些自己无法控制的因素，机动车事故就会发生。相似的是，无论一个人在管理财务时有多谨慎和负责，由于一些遥远和无法预料的因素，他也永远不能确定什么时候财务困境会突然袭来。有些"道德风险"因素总是会产生，就像机动车保险一样。有人会选择以更为冒险的方式驾驶，有人也会用更冒险的方式消费信贷。但是对这些危险的答案并不是取消机动车保险或者破产救济。适当执行驾驶规则能够将那些驾驶过于冒险的人分离出来并对他们进行惩罚，同时谨慎的破产制度准入和准出标准能够将那些参与过于冒险的信用行为的债务人分离并排除出去。

【97】当然，如果永远不开车或者永远不透支未来收益，机动车事故和财务困境都是可以完全避免的，但是这会带来不同的问题和争论。本文讨论的社会并不希望阻止人们开车或者借贷。如果某一社会想要阻止借贷活动，那么它很可能并不需要破产制度。本文的讨论指向的对象是接受借贷所带

来的益处的社会，这些益处包括使得消费变得更为流畅，以及减少金融供给和需求的波动性等。一个接受借贷所带来的益处的社会，与一个接受驾驶所带来的益处的社会是相似的。每个社会都要承受必然的风险和损失，并且有些损失的分散形式以一种健康的方式使社会所有成员利益最大化。破产制度因此代表了某种为了放松消费者借贷管制而付出的一定代价。如果自然人要承受必然风险，这些风险是他们不理解且很大程度上没有能力去理解的，或是他们不能避免的，破产制度就通过提供针对这些风险的保险而维持平衡的状态，同时"保险费"也是通过小幅增加信用成本并对之适当分配的方法来融资。

【98】自然人有许多债权人，并非所有债权人都能够将违约损失进行总计并且将财务困境带来的成本向社会分配。我们需要找到更为直接和有效的费用再分配方法，例如税收或甚至是某一特定的强制信用保险体系。然而，这些替代方案需要谨慎管制，因为他们易于产生错误并遭受操纵。这些方案非常不灵活且耗资甚巨，以至于目前世界各地没有任何关于管控自然人违约风险的重要运动出现。债权人目前是可行的最有效率的违约风险分配者，破产制度日益成为将风险集中在债权人身上的次优选择。需要再次强调的是，相较于受到意外财务悲剧重创的自然人债务人，债权人至少在再分配财务困境带来的成本方面处于优势地位。

（五）降低疾病、犯罪、失业及其他与福利相关的成本

【99】从以债权人导向的利益转换到以债务人导向利益，自然人破产制度第二系列的目标涉及减轻债务人偿债压力，并使债务人在主流经济中恢复生产潜力。这一系列的益处可

以通过两个视角观察：消除负面影响及增强正面影响。

【100】对于消除负面影响这点来说，破产体系可以降低甚至消除许多因债务人受困于永久债务困境而带来的直接和间接的社会成本。被困在无限债务循环的自然人会消耗宝贵的社会效益，尤其但不限于提供某些社会支持（福利）的国家。最显然地，失业的债务人可能会申领失业津贴。在提供其他转移支付类型（例如子女津贴）的国家，这些经费会直接或间接地进入债权人的口袋里，而非用于预期目的。更为麻烦的是，正如在第一章第八节第2条中所述，债权人的不断骚扰已经被认定为造成债务人长期健康和医疗问题的原因。提供医疗支持的国家因此面对遭受与债务相关疾病之苦的病人带来的更沉重的负担。即使在不提供直接医疗支持的国家，急诊室和其他类型的最终医疗保障手段会被大量病人拥堵，而这些病人都是人为痛苦的受害者。另外，简单的医疗问题常常变得更为严重，成为资源密集型问题，因为无法投入资源以避免未来健康问题，债务人因此放弃了预防保健。在极端情况下，财务上的绝望驱使着许多债务人寻求灰色市场或者黑市的高利贷、参与犯罪或甚至是自杀，因此给社会造成了高昂的成本。

【101】没有任何一个制度能够消除所有上述成本，但是破产制度能够降低或消除导致这些问题的人为因素。如果一个中立的仲裁者能够确认债务人无法还款，或确认债务人适合采用一个更理性的长期还款规划，就能够减轻债务人因债权人不断追讨要求立即还款的急迫压力。在短期内，低效的执行压力带来的不必要成本即使不能完全消除，也会大量减少。即使让债务人完全清偿可能很难，但是任何协调以及人

性化的收债过程都能使债务人走上更为健康的自立之路，用更为慎重和常规的方式承担他们的责任，并且参与社会活动，而非将自己视为社会的受害者。

（六）增加常规应税所得

【102】随着社会成本的减少，破产制度能够影响的另一个方面是增加社会贡献，同样也是通过直接和间接两种方式。直接收益为债务人提供了重新回到社会的动力，债务人再次有机会获得固定收入，正如在上文对于债权人收益部分中所述。破产制度对社会的直接益处更为显著且长远。

【103】积极且忙碌的债务人以很多方式对社会作出贡献，其中一些方式将在下文讨论。一个明显且常被援引的贡献就是税收收入。被推入灰色或地下经济的债务人可能会产生一些收益，但税务机关无法从中获益。破产制度为债务人提供了一种动机，使债务人能够将他们的生产能力运用到正常经济中，最大化他们长期未来产出的潜能，同时用债务人的收入为税收和社会保险做贡献。处于负债绝望中的潜在劳动者能够带来税收和有益贡献，这点一直是当今许多破产制度被采纳的主要原因。诚然，失业及缺少工作机会是自然人破产的主要原因，因此为了使债务人回归到活跃、正式的工作中，为社会带来收益，首先要解决的问题就是合适就业机会的不足。

【104】虽然常规的工作是可以找到的，但是某些立法者已经意识到，当债权人持续多年向破产债务人追讨债务，对债务人小额还款存有渺茫和虚幻的希望时，在债权人和社会间就产生了一种恶性竞争。例如，某国的政策制定者认识到一个虽然不利但是人们可以理解的情况，即如果债务人大部

分或者所有的劳动成果都被债权人榨取干净的话，债务人就存在"罢工"的倾向并且拒绝继续赚取固定收入。这些损失的收入不仅会对追讨债务的债权人造成伤害，而且对于社会整体而言造成的损失远远超过了给债权人造成的损失，尤其是来自债权人的持续压力往往无法从债务人处获得偿付，却会导致债务人从常规劳动力中持续自我排斥。通过把有生产力的债务人置于其任何额外收入都将被债权人没收的威胁之下，债权人为获得较小数额的偿付而抢夺了原本属于社会的利益，即被压迫债务人的潜在长期生产力。

【105】追讨债权人往往是国家的税务机关。即使国家本身作为债权人，通过徒劳地追讨过去的债务而抑制了未来生产力，这种做法也并不可取。在此语境下，减轻债务人对国家（和社会）的税收而产生的道德风险，可能在理论上更为令人不安（见下文第一章第九节第1条）。但是许多国家的立法者已经接受这一严峻的现实，即为了追讨少量过期债务而牺牲大量潜在的未来收益，这种做法几乎没有实际意义。

（七）经济活动最大化，鼓励创业

【106】公民参与给国家带来的益处不仅仅是税收收入。某些国家的立法者一直对社会排斥这一问题特别担心，尤其是因为它会影响到深陷债务泥潭的债务人。阻止公民积极参与公共生活会带来很多成本，不仅体现在经济生产力方面，同时也体现在促进社会活力方面。一个有效的破产体系会带来的好处之一，正如刚刚提到的某些国家的立法者所预期的那样，就是让绝望的债务人重新振作，投入积极的社会生活。

【107】使得尽可能多的社会成员活跃起来，至少有两个显著的积极影响。首先，消除债权人带来的压力不仅鼓励了

常规的生产收入，同时也增强了债务人的创造力，甚至是创业的意愿和渴望。当债务人得知他们能够享受自己创造性事业的大部分价值时，债务人就更有可能赚到超过仅维持自己生计的收入，并且将他们自己的收入最大化，间接地也为社会创造了最大化收益。另外，如果潜在的创业者提前知道失败的风险会被破产制度减轻，那么他们就更有可能去对抗创业过程中产生的风险。中小企业是世界许多经济体的主要驱动力，而且一个运行良好的破产制度能够为创业者提供强大动力，促使创业者承担伴随着创业利润而来的必要风险。在21世纪初，至少有一部自然人破产法作出重大修订背后的主要目标就是推动企业家精神。

【108】其次，增强企业家精神和整体社会参与能够使国家经济活动和国际竞争力最大化。每个脱离社会的公民都是已丧失的经济和社会潜力长链中的一个环节。在紧密结合的现代经济体中，一个人的活动会影响到许多其他人的活动。尤其是在一些经济严重依赖个人服务和消费者消费的国家。偶尔有一些陷入困境的债务人可能对国家GDP不会产生太大影响，但是在当今许多国家，每年潜在的寻求救济的债务人数量却代表了国家经济潜力的重要，即使不是特别显著的部分。由于国家在海外市场展开竞争，并争夺外国直接投资，公民的最大参与对于实现国家的最大竞争力十分关键。

【109】根本上，获得最大经济活力的一部分是合理的个人消费本身。虽然从现有资源支出被认为是可持续消费的最佳方法，但是当今世界上许多政策制定者认识到了个人透支未来收入的重要作用，即久而久之使得消费模式更加流畅和优化。仅是参与现代经济生活本身就是一种创业风险，同时

国际竞争力的需求使得国家要鼓励个人承担通过信用交易促进消费的合理风险。过度借贷必定是需要避免的问题，但正如上文所述，规避所有风险也并非一个零成本的提议。过度存款以及规避金融风险两者可以共同导致，并且已经导致一些国家陷入经济停滞和随之而来的经济潜力损失。如果个人太过谨慎，储蓄的数额超过必要限度，并通过这种方法避免因收入中断带来的损失，这些不必要的大量储蓄就体现为当前经济的潜在损失。[1]

【110】如果我们想要经济活动合理最大化，那么最优破产率并不是零。为了推动经济体系达到容许极限，风险是一个不可避免的方面。破产制度作为不可避免的失误的一部分，通过向社会分摊成本（正如上文所述）来换取这种方法的社会福利。破产制度为个人提供了一种支持、一张安全网，鼓励个人在社会认为合适的程度上，在经济上活跃起来。正如下文第一章第九节第 1 条所述，在合理适当的风险和道德危险之间划界是一个极富挑战的任务，但破产制度的目标是为那些诚实但错误估计了界限位置的人或是那些因不幸而被推到界限之外的人，标明界限的位置并且监督其进入偿还系统。

（八）提升更为广泛的金融体系与经济的稳定性与可预测性

【111】本节提到的许多益处中，至少有一部分是从更为基础和微妙的破产制度的益处中产生，即此制度为更为广泛的金融和经济环境提供了稳定性和可预测性。破产制度的功

---

〔1〕　参见世界货币基金组织："家庭债务的处理"，载《世界经济展望（2012）》2012 年第 1 卷。

能本质上是一个安全阀，过度借债与禁锢生产力会给金融体系造成压力，破产制度能够减轻这种压力。诚然，"为更流畅地调节金融和经济活动提供安全阀"这类术语已经被许多立法者使用，来描述他们心目中的新自然人破产体系。监督监管通过防止经济中的某一部分或更多部分中过度激励活动，从而保持稳定和可预测的经济活动，这些逐渐累积的激励活动常被称为"泡沫"。反过来说，一个破产制度能够在相反的情形下帮助保持稳定性和可预测性，这时的经济活动承受着过度的普遍债务负担。不是依赖自然、长期的经济力量来纠正消极的不平衡现状，破产制度能够确保对经济活动损失进行更为及时和破坏性较小的处理，从而保证了经济活动通过破产制度达到更为流畅、更加稳定和更有预测性的延续。

# 第九节　对抗因素：应对道德风险、欺诈与耻辱

【112】虽然自然人破产处理制度能带来许多好处，但有三个特别突出的问题可能会阻碍该制度的采用或合理实施。正如下文的简短讨论所建议，这三个问题已经在许多现存的破产体系中被克服，而且这些问题没有必要成为立法者获取上文所述利益的阻碍。

## 一、道德风险

【113】许多政策制定者适用古典经济学理论概念，已经表现出对"道德风险"的担忧。这些"道德风险"的产生是

由于自然人破产制度为债务人提供了不适当的激励，使得债务人对他们的财务和义务表现得不负责任。道德风险的古典理念在受保风险的语境下最为突出，令人们担忧的是由于保险或者其他下行风险保护的存在，与没有保险的情况相比，会产生令被保险人行事更加不审慎、不小心的不利动机。如果逃避自己义务的选择被广泛普及，那么该理论的推论就是，债务人会有更大的不道德或不负责任的行为动机，既可以是通过毫无顾忌地负担超出自己合理偿债能力的债务，也可以是一旦破产程序介入，他们就放弃自己偿付债务的责任。

【114】然而，正如上文所述，在接受破产处理制度带来的广泛利益的同时，道德风险的"幽灵"也是难以避免的（尤其参见第一章第八节下的第3条第4款）。在失败的情况下，某些债务人很可能通过一个更冒险的信用消耗方式来回应"安全网"的存在；对另一些债务人而言，当他们能够通过合理的牺牲以及调整预算和生活方式的方法来解决自身的责任问题时，这些债务人可能会通过寻求破产救济来尝试逃避责任。然而，如上所述，在这一语境下对道德风险的最合理的反应，是设计和执行适当的准入条件以隔离或排除参与过度冒险的或其他不利信用行为的债务人，该准入条件既是进入破产制度的条件也是接受免责或其他救济的条件，已为许多现行破产制度所采用。

【115】诚然，为债务人及其家庭提供救济这一目的，须同与之抗衡的目的相调和，即防止有能力通过自身努力清偿债务的债务人不诚实地逃避债务。在合理情况下尽可能遵守自身义务是一个根本且重要的理念，不应被破产制度所削弱，不论该制度提供的救济有多慷慨。任何破产制度的首要目标

就是在这两个相互竞争的理念中保持谨慎的平衡：首先，对负有义务的人作出要求。其次，不要对因经济波动和其他生活中常见危险而遭受痛苦的受害者提出超过其合理承受限度的要求。正如破产救济制度承担着削弱支付道德的风险，与此同时也有另一种同样重大的风险，即因无法提供有效救济而失去破产制度的诸多益处。尽管任何破产制度中都有可能出现道德风险（以及欺诈，见下文），但是道德上的滑坡并不应该掩盖提供救济所带来的实质益处。在绝大多数案例中，债务人尝试过清偿债务，却因自己完全或很大程度上无法掌控的因素而清偿失败。应当避免仅因为不能保证制度的完美而牺牲该制度的巨大益处。

【116】此外，正如在上文第一章第八节第 3 条第 3 款中所述，政策制定者近年来越来越多地考虑到破产制度对于减少债权人道德风险的积极作用。在作出放贷决定时，债权人面临着自身的道德风险，须在收益最大化和谨慎评估借款人偿债能力间找到平衡。破产债务人可以获得破产制度救济这一点，更加激励债权人从事负责任的授信行为。因此，道德风险这一问题兼具潜在的负面和正面影响，两者应一起考虑，进一步降低道德风险对有良好设计和实施方案的破产制度造成的困扰。

## 二、债务人欺诈

【117】与道德风险密切相关的一个问题是人们对债务人欺诈表现出的普遍担心。数百年来，决策者都表示了对债务人利用破产制度以不正当的方式获得巨大利益，以欺诈手段逃避合法债务的深深担忧。债务人可能通过各种方式隐瞒欺诈，包括谎称自己的财务状况，或隐匿财产或收入。另一方

面，应关切防止破产救济制度被欺诈债务人滥用的问题，该问题没有简单或完美的解决方案。管理人和债权人的审慎监管是减少债务人欺诈的唯一有效方法。

【118】另一方面，人们不应过分强调这种欺诈所代表的危险。对许多现行破产制度的实证观察已反复证明，真正的欺诈行为的可能性微乎其微（大约是所有案例的 1%～3% 左右）。[1]破产管理人和债权人的适当监控似乎已经根除了债务人试图获取不正当利益的大多数情形。对制度设计者和决策者而言，这仍是一个敏感问题，制度设计时可以而且应该纳入适当的保障措施，以检测和阻止债务人及其他人的欺诈行为。在因为文化或其他方面的差异而导致对欺诈有更多宽容的地区，这可能是一个应特别关注的问题。但归根结底，孤立的轶事从来没有为决策制定提供坚实的基础。所有可获得的证据表明，相对于现行制度的实质欺诈的每一个令人震惊的情形，成百上千诚实的债务人都合法地寻求和接受了救济。

【119】与道德风险一样，在几乎所有曾经存在过的制度中，都存在着债务人欺诈的个案，而完美地排除欺诈是不可能实现的目标。某种有限的欺诈情形会蔓延到整个制度，一

---

〔1〕 不幸的是，大多数的这种经验观察是非正式的，也未发表。但是，从正式破产制度监督稀疏获得的现有证据，印证了普遍的轶事。例如，破产服务部："年度报告和账目（2010～2011）"，第 33～35 页，获取地址：www. bis. gov. uk/insolvency/Publications；美国司法部："美国托管人项目，显著成绩年度报告（2010）"，第 17～19 页，获取地址：www. justice. gov/eo/public_ affairs/annual-report/index. htm. 浩繁的学术实证研究从债务人试图逃避义务的更广泛意义上更清楚地掩盖了"欺诈"的概念。例如，特里莎·A. 苏利文、伊丽莎白·沃伦和杰·劳伦斯·韦斯布鲁克："耻辱感降低还是更多财务困境：破产申请显著增加的经济分析"，载《斯坦福法律评论》2006 年第 59 卷，第 213 页（以及其中引用的早期研究文献）。

些不值得帮助的债务人将获取不当利益，所有现行制度都接受这种风险——其实是必然性。这并未阻止政策制定者为广大可获得合法利益的诚实但不幸的债务人寻求更大的救济利益——并且把显著的利益继续传递到债权人乃至整个社会（正如上文第一章第八节所讨论）——未来它也不会阻止政策制定者这么做。

### 三、耻辱

【120】一个更棘手的挑战不是把不守信的债务人排除在破产制度之外，而是鼓励那些诚实但不幸的债务人利用破产制度。即使在发达的破产制度中，大量债务人要么继续避免寻求救济，要么寻求救济的时间远远晚于他们为自己和破产制度的其他受益人寻求救济的最佳时间。

【121】无论是以书面形式还是在公共管理人或私人管理人面前亲自宣布一个人失败，都会令人感到深深的尴尬和耻辱。许多行之有效的破产制度关于债务人的正式和非正式的调查显示，他们的内疚、羞愧和耻辱感普遍而深刻。这些感觉极大地阻碍了债务人考虑寻求破产救济。事实上，如果无力清偿是通过私文化传统处理的，或者如果与债务和承认失败相联系的是巨大的耻辱，管理这些问题的"官方"机制可能会变得多余，因为债务人和债权人都会避免使用它。

【122】几个世纪以来，在世界上许多地方声明自身无法管理个人债务将意味着某种社会和经济上的死亡，并且这种意味是难以克服的。政策制定者应对承认财务失败的背景下羞愧和耻辱的文化背景有特别的敏感，因为即使是设计最完善的制度，这些概念也将阻碍债务人对制度的有效利用。

【123】这一问题的某些方面比其他方面更容易处理。例如，如果债务人没有意识到制度的好处，或者如果他们高估了寻求救济的负面影响和危险，公共教育和宣传可以纠正人们对寻求救济这一新选择的错误印象。至少有一个国家发动了关于新破产救济制度的公众信息运动，以克服债务人对破产制度接受程度低的潜在问题。一些国家重新设计了他们的自然人破产制度，以减少或消除有不良影响的耻辱因素。许多国家的破产法规定，破产案件结束后债务人将没有相应的能力从事许多民事行为和受到限制，立法者已在减少或消除这些障碍和限制，从而部分减少了债务人的耻辱感。同样，债务免责的制定和自由财产范围扩大化有类似的效果。随着时间的推移这些措施可鼓励自然人债务人寻求救济。

【124】适当的耻辱感可以阻止债务人通过简单的方法摆脱其合法义务，这本身当然没有本质错误。应当提醒债务人尽最大努力合理地解决自身的债务问题。但近些年来许多国家的政策制定者沮丧地发现，如果寻求救济的债务人过度的耻辱感，这将有力地削弱一个原本精心设计的系统，并缩减上文第一章第八节列出的诸多利益。

【125】有关债务和文化耻辱的态度变化缓慢，要去直接影响这样一个广泛和分散的概念，所能做的相对不多，但政策制定者可以并已经作出选择，通过在现有法律中避免或废除评判性语言以及惩罚措施以尽量减少耻辱感，如把"破产人"称为"债务人"，或减少债务人破产后行为的限制。如上文所言，减少耻辱感的过程因此与有关道德风险和欺诈的适当担忧携手而行。

# 第二章　自然人破产体制的
# 核心法律属性

【126】一个有效的、发达的自然人破产体制涉及一些关键的问题。如前所述，破产法律也有许多领域，其中一般企业破产的解决方案会为个人破产存在的问题提供适当的解决办法。但是，自然人破产的特殊性所提出的挑战，要求考虑不同的路径以应对总体设计、制度框架、正式破产制度的准入、债权人的参与、破产问题的解决方案和免责等。

## 第一节　总体制度设计：程序选项与
## 非正式和解的关系

【127】正式的自然人破产处理制度设计的一个重要方面，是其与解决财务困境的非正式制度的良性互动。正式破产系统的一个重要功能是鼓励非正式的协商和解决，即债权人和债务人"在破产阴影下的讨价还价"。自然人破产政策出现的一个明显趋势，是倾向于非正式谈判的替代程序，避免债务人和债权人之间正式的干预。表现这种偏好的方法，尤其是债务—信贷咨询在何种程度上会支持替代性的谈判，以及这些方法的结果，是在讨论正式制度设计之前需要着重

考虑的因素。至于正式制度设计本身，立法者面临着另一个重要的初步选择，即如果给该制度定位，是将之放在现行的破产制度之中——可能专为企业债务人设计的破产制度之中，还是放在一个分开的、甚至可能是独立的法律中。本节讨论了这两点关键的初步考虑。

## 一、自然人破产程序的非正式替代程序

【128】许多地区的立法者都强调避免正式破产程序的优先性，部分通过倾向于债务谈判的解决方法体现出来。这种偏好在债务人与债权人之间的自愿协议优先于法院程序这一共同要求上得以明显体现。在某些国家，债务人和债权人之间的谈判是申请正式破产程序的先决条件，法律规定了制度化的债务谈判与和解框架。在一些国家，正式的自然人破产程序生效前，消费和债务咨询制度的网络已经发展起来，该制度中的咨询师在为债务人提供咨询和代表他们与债权人谈判方面已经取得了大量的专业知识。因此，在正式破产和债务减免的新形势下，人们很自然地继续加强这些债务咨询的作用。债务咨询经验相对较少的国家引进了与债权人的谈判作为进入正式自然人破产程序的前提条件，它至少适用于那些债务主要是非商业来源的债务人。

【129】在许多国家，对自愿和解的偏爱导致了自然人破产法的两阶段程序。它要求债务人提交正式破产救济前，必须努力与债权人达成自愿和解。自愿和解谈判中通常可寻求债务咨询师的帮助，他们有义务协助债务人。一些国家将达成自愿和解的尝试规定在一个更正式的框架中，如过度负债委员会或债务执法机构。另一些国家规定债务人可从半私人

或私营部门行动者那里寻求咨询和谈判支持。

【130】支持自愿债务和解的观点如下：

（1）债务人可避免破产带来的耻辱以及正式破产程序之后在信用信息数据库的登记。

（2）法庭程序的成本比那些非正式和解谈判的成本更高。

（3）债务人可能有动机向债权人提出更高的优惠条件以避免法院程序的不便，这将有利于债权人。

（4）和解尝试失败后，向法院提交的申请已有充分准备，因此，处理起来更容易。准备工作由债务咨询师完成，他们的收费比破产律师更低。

（5）自愿和解允许更多的灵活性，从而满足了债务人和债权人的需要。例如，贷款保证人可以灵活的方式出现在和解协议中，这在司法债务调整中往往是不可能的。如果债务人是房产所有人，房产在自愿和解中有时可以得到相较于司法债务调整程序更好的保护。

（6）财务机构定期与他们的债务人重新协商还款条件。强调重新谈判作为政策问题的重要性，这可能是一个理想的政治目标。

【131】然而，许多现有制度的经验揭示出，自愿和解的优劣往往是虚幻的。在实践中，债务人与所有的债权人达成自愿和解并不容易。债务人获得咨询辅导往往面临长期拖延，咨询师在收集必要信息、制定和解协议和接收债务人对这些建议的反馈方面甚至经常面临更长的时间延迟。动辄几周甚至几个月的拖延困扰着以咨询为先决条件的提交正式破产申请制度。另外，也存在债权人利用自己的议价能力强迫债务人接受繁重的、不可行的付款计划的风险。

【132】至少有一个制度已不再要求与债权人的非正式磋商作为债务人寻求正式破产救济的先决条件。政策研究者发现，许多债权人干脆善意地拒绝参与这一过程，原则上拒绝同意对其债权请求作任何调整。在这种常见情况下，谈判阶段已纯属形式。立法者最终同意放弃非正式谈判作为前置要求，如果债务人符合标准的准入要求，就允许其直接进入正式破产制度。

【133】即使在正式破产法颁布以前债务咨询师已经有很多协商与和解方面积极经验的国家，也只有一小部分案件是自愿解决的。预算和债务咨询往往只是简单地揭示债务人所面临的没有希望的处境，咨询师几乎没有选择，只能建议寻求正式的破产案件。许多国家的研究和咨询师报告表明，很少债务人具有达成自愿安排和避免正式破产程序的希望。[1]

【134】自愿和解率低的原因有以下几个方面：

（1）债权人要求强制执行他们的请求，使得谈判不可能继续。

（2）多个债权人中的某一个债权人通过一票否决就可使得和解成为不可能。

（3）相较于非正式和解，部分债权人更信任正式的监管程序，特别是像税务机关这样的公共债权人，往往不愿意接

〔1〕 See, e.g., Bund-Länder-Arbeitsgruppe "Insolvenzrecht", Probleme der praktischen Anwendungen und Schwachstellen des Verbraucherinsolvenzverfahrens (2000); Ett steg mot ett enklare ochsnabbare skuldsaneringsförfarande, SOU 2004: 81; Nat'l Found. For Credit Counseling, Consumer Counseling and Education Under BAPCPA (2006); Institute for Financial Literacy, First Demographic Analysis of Post-BAPCPA Debtors (2006).

受自愿和解，或者是因为他们缺乏法律授权接受这样的和解，或者只是因为他们对更透明、正式的程序更有信心。

（4）有时，税务和银行法规关于坏账损失的规定，使得他们在作为债权人减少损失时优先考虑正式决定。

（5）寻找某些债权人是相当困难的，而其他一些人在看到提交给他们的自愿和解建议时表现得无动于衷。除非法律规定，被动债权人受和解协议的约束，否则他们不会被束缚，而且可以常常随意忽略在谈判中进行尝试。

（6）关于第三方担保的法律往往会阻碍债权人同意和解。按照一般私法，当债务人和债权人同意就救济达成一致时，保证人可以从责任中解脱出来，而在正式的债务救济程序中担保人有支付的义务。

【135】在许多国家，政治决策者倾向于非正式和解的理念。但是，自愿和解的愿望不会自动实现或通过法律命令实现，需要一些制度上的支持和激励。

【136】在自愿和解最为成功的几个制度中，自愿和解的情形占到全部案件的1/3，较高的成功率可由下列两个因素之一作大致解释：或者协商是由特别有说服力的政府监管机构来监督甚至促进，如中央银行；或者一个重要且完善的咨询机构已经与主要债权人建立了深厚的和富有成效的关系，该机构利用被信任的地位为与税收或罚款征收机关等达成广泛的妥协谈判打下基础。广泛使用的谈判指导原则和最佳实践准则也代表了自愿重组业务发展的积极因素。只有在精心组织和精心设计的谈判情形下，破产救济的非正式的替代性程序才被证明是可靠的，即使如此，也只有一小部分案件可以通过谈判解决。非正式的安排往往在债务人正在经历轻度

或暂时经济困难，而不是严重的资不抵债的情形下更容易取得成功。

【137】许多制度的经验表明，正式破产的非正式替代性谈判程序的成功应该包括下列促进计划确认的内容：

（1）必须可以获得专业的、低成本或无成本的援助。顾问应具有与债权人谈判的经验，在债务人和债权人的眼里咨询师或调解员必须有公信力。一些制度的经验表明，如果债权人认为咨询师是不中立的，他们可能完全拒绝承认谈判并拒绝在谈判过程中进行合作。

（2）如果没有债务执行的威胁，协商方案谈判进程会更顺畅。谈判进行中，应有一些可靠的、正式的机制停止债务执行。

（3）债权人的被动不应妨碍其接受和解，和解应该对所有已通知的债权人具有约束力。根据一些国家的法律，和解协议对被动债权人是有约束力的。这种规制似乎是使债务解决方案有意义的条件，但它需要协议草案准备的体制环境是受到良好监管和监督的。

（4）持不同意见的债权人的权利应该加以规范。清偿方案通常不需表决，一般而言，任何持不同意见的债权人都可将案件提交至法院。少数债权人持有异议不应导致该方案自动被漠视。

【138】使用"混合"或"半正式"安排有不同的可能性。这些债务重组安排并非纯粹的契约：安排需要特定多数的债权，以约束少数债权人，而且他们还可以把法律规定的条款作为重组安排的一部分。混合重组的经验表明其成功率通常并不高。无论如何，这些混合重组机制的存在说明了个

人破产解决方案的连续性：从单纯的合同重构到正式破产程序的引入。

## 二、正式破产法及其在广泛立法计划中的地位

【139】破产法的基本法律问题关注的是债权人和债务人的权利和义务，既涉及债务人和他们的债权人之间的权利义务，通常也包括债权人之间的权利义务。这些权利和义务在所有的制度中都是由法院最终裁决和强制执行的。诉诸法庭权由人权文书进一步确认，人权文书在确定民事权利和义务方面确认了人们使用法院救济的权利。此外，大多数人权文书承认财产权是一项基本权利，虽然该权利的行使需要考虑到对他人和社区的权利的尊重。传统上认为，破产情况的规制不受宪法权利要求的阻碍，这种学说今天已经被一些人权机构确认——认为破产法没有对债权人的（财产）权利造成超过适宜限度的侵犯。必须牢记的是，破产法很少剥夺债权人本来可以执行的实质性债权，因为对绝望的破产债务人的债权执行权的实用价值很小甚至根本没有什么价值。但是，在个人破产法中，财产权利可能对担保债权人权利的规制造成特殊影响。

【140】财产权之外，劳动权、公平薪酬权和基本的社会权利也是个人破产法关注的问题。即使社会权利是在世界各地都不被认可的主观性权利，他们也应该在法律制度的设计中有所体现。

【141】此外，所有的人权文书都承认获得公正审判的权利。这一权利的内容在各国家法律中有详细规定。该权利的一个重要方面是，当事人对关涉自身权利的事项有听证权。

即使听证权可以在破产程序中以与普通民事诉讼不同的形式加以规范，但仍有必要强调的是，人权文书不允许限制公平审判的权利。然而，人权文书的既定解释是，诉诸法院会以行政委员会或机构对该案件的处理为前提，且该过程整体上应符合公正审判的要求。

【142】关于义务的传统法律以及宪法和人权学说，导致各国破产程序中法院某种程度的参与。但是，需要法院多少程度的参与却有不同的观点，参见下文第二章第二节第2条。当提到法院参与的问题时，除了上面提到的公民权利和人权方面的考虑，破产的一些特别事项于此也是有关联的。

【143】相当数量的国家从1990年以来才开始引入自然人破产程序，因而他们缺乏面对这种特殊类型诉讼的悠久传统。传统的缺乏导致了程序创新的解决方案因国家而异。一些国家强调社会和行政方面，而另外一些国家重视当事人的权利，这导致了不同的程序设计。一个关键问题是个人破产法是应规范在特别法中，还是一般破产法中。

【144】如上文第一章第七节所述，自然人破产法与企业债务人为设计对象的一般破产法有诸多共同点，但前者侧重于债务人康复的显著利益和社会利益。根据各个国家的法律文化和传统，或者是强调系统的相似性，或者是强调企业破产和个人破产之间的差异。这些不同的方法在一定程度上反映了把自然人破产法或放在一般的（企业）破产法（破产或倒产法典），或选择单独立法。

【145】从历史上看，主要在一些英美法系国家，自然人破产已经发展为一般破产法的一部分。由于债务人在这制度中得到救济，专为自然人设计的某些规定也已在更大范围的

破产法中得到发展。直到今天，许多国家已将自然人破产程序纳入他们的一般破产规则中。即使自然人破产被规定在了破产法典中，它通常只是一个总结性的和非常简单的法院程序，截然不同于企业案件中适用的更复杂的程序。

【146】与此相反，于过去20年中颁布个人破产法的几个国家选择了独立的立法模式。这些法律往往没有"无力偿债"法律的称谓，更没有称为"破产"法律。相反，这些法律的标题指重整或债务调整。许多国家使用 sanering（复兴）一词的派生，以区别个人破产和企业重整。

【147】有些法律是专门设计服务于未显著从事商业活动的自然人。很多时候，无论是在法律上，甚至更多的时候在学术上，所谓"消费者债务人"，是用以指明这些法律的目的是为以私人身份而非企业债务人寻求救助的个人提供破产程序。术语"消费者"并不一定意味着债务人将会通过商品和服务的消费而负债，它仅仅意味着债务人申请时不再从事商业活动（或至少债务人的商业活动是有限的）。

【148】在许多国家，这些法律接近传统的破产规范，强调债务人的康复。例如，某个地区的特定债务调整法为债务人提供了一个完整的破产程序。这些特定程序往往比破产环境下的程序更专注于债务人破产前行为的评价。这些制度也倾向于为债务人提供预算和债务管理方面的咨询。

【149】把债务救济放在一般破产背景下和制定一部单独的法律各有其可取之处。单独立法提供了更好地考虑到破产个人而不是企业的特殊需求的机会。个人需要更广泛的包括财务咨询和社会机构的转介服务，单独立法有助于实现这一目标。这些服务比较容易附加到特定程序，而不是一般的破

产制度。另外，对于进入程序和清偿方案的内容和建议更容易在单独立法中明确体现。在一些国家，个人破产程序委托给其他机关而不是法院，如专门的委员会或债务执行机关。其他情况下，专业顾问负有专门责任来帮助债务人，为向法院提交案件作准备。如果在一部专门的法律中规定个人破产，这些特殊的需要在设计该制度时更容易被考虑到。

【150】个人破产放置到一般破产体系中也有其优点。单独的法律往往是为相对简单的案件制定的，特别是针对收入低和财产少的债务人，但有些自然人破产案牵涉复杂的法律问题。例子包括从以前的企业承担了相当大债务负担的自然人，或在申请时自然人是自雇人士和/或债务人有大量的财产分配给债权人的案件。如果自然人破产被规定在一般破产法的情况下，有可能会诉诸破产法的专门机构，如执行和其他债权人行为的自动（或法院施加的）冻结、冻结的例外、启动程序的其他效果、可撤销的转让和其他撤销权诉讼和家庭住宅的保护，以及可借助的破产法的一般原则，如债权人平等原则。由于许多自然人破产案件有经营失败的背景，在某些情况下，从企业破产顺利转换到自然人破产处理是必要的。自然人破产放在一般破产法使得企业破产和个人破产之间的这些类型的重叠更容易管理。

【151】不同国家关于自然人破产的政治话语有完全不同的语气。在某些国家，人们很难接受直接免责的理念。在其他国家，一部单独的消费者债务救济法律的理念是与消费者过度消费和过度使用消费信贷相联系的，而一般的破产制度被理解为一个较为中性的调控区域。

# 第二节　制度框架

【152】自然人破产的制度框架应最大限度地减少整体社会成本，包括在确定债务有效性和偿付水平时的误差成本，以及债权人、债务人和第三方的成本。它应及时提供成果，实现利益相关者和一般公众对破产制度运作的信心。

【153】自然人破产的制度框架，是消费信用和商业信用的基本规则的一部分。建立自然人破产的框架，应该是一个国家消费信贷发放和债务收偿机构发展不可或缺的有机组织部分。这些制度包括银行监管、判决债务的执行程序、信用报告和数据隐私法规、金融教育项目、债务咨询服务，以及住房和社会福利政策。破产制度往往与法院系统紧密联系，债权人和债务人对法院系统的信心是法院系统有效运作的前提条件。

【154】个人破产案件不是高风险的游戏，即使总体来看在高收入国家他们代表了大量的债务人。绝大多数个人债务人几乎没有财产用于清算，只有有限的收入用以偿还债务或支付咨询费用。相当大比例的债务人没有能力清偿债务（见上文第一章第八节第3条）。然而，个人破产可能引发的法律、预算和社会问题并不总是很简单。此外，没有唯一的个人"破产类型"。破产原因以及债务偿还能力都是不同的。有一些破产制度设置了部分还款或重组和立即免责的选项。"看门人"——可能是律师、债务顾问、破产从业人员、政府官员和法官——在筛选和引导个人选择相应的解决方案中发挥着重要作用。

【155】高收入国家过度负债债务人数量的显著增长为塑造效率、公平的个人破产管理制度提出了挑战。更多的个人可能是过度负债，但是司法系统和公共项目融资的成本压力也是存在的。过度负债的处理，其中涉及消费和生产风险，提出了公共管理和治理方面的问题，如公共和私营部门的相对平衡和法律、经济、社会专业知识的适当作用。破产作为再分配的一种温和方式在确保适格申请人的准入、同样情况个人的同样处理、防止欺诈和滥用（见上文第一章第九节第2条）以及减少不必要的官僚主义的要求方面，提出了类似社会福利项目的问题。

【156】经验表明，虽然没有明确的"引爆点"，但是随着需要破产救助的个人债务人的数字增加，个人破产成为常规过程，其中政策问题成为决策者可以直接应用的、相对清晰规则基础上进行救济的成本效益目标问题。第二章第五节第2条记录了在那些有相当数量无力偿债个人的国家从个性化的自由裁量到还款方案标准化的转换过程。

【157】制度框架涉及许多因素，包括形成不同国家的自然人破产概念的破产改革的历史和政治。破产救济，结合解决债务问题的教育和预防措施，可以概念化为福利或消费者保护的一部分，或被视为允许个人重新进入信贷市场的私营部门之间的经济调整问题。这个概念会影响下列问题，如该制度的融资和准入，以及参与制度中的中介的类型和角色（律师、债务咨询师和会计师）。不管中介的性质如何，现有的经验表明，许多国家不愿对支持系统投入大量资源以全面解决债务人的问题，使得中介主要通过破产制度指导个人。这是一个温和但又重要的角色。破产也可以是一种借助于其

他社会机构解决个人社会问题的机制。

【158】制度框架是与法律的复杂性相联系的。开放式和复杂的规定可能会增加纠纷和对专业知识的需求。相对明确的规则，虽然可以造成潜在的个人不公平，但可以电脑化，即使没有高水平的专业知识的个人也能快速处理。常规化的方法可能最适合在债权人接受对他们的要求给予最少分配额（如有）的大多数案件中。

【159】破产制度的整体管理责任可以分配给某部委或专门机构，他们监督作为经济和社会政策一部分的个人破产和机构参与者。专门机构可以行使监管、规则制定和执行的权力，以及干预公众关心的事项。一个强大而又中立的警察的存在往往是确保公众对破产制度完整性的信心的重要组成部分。应收集破产制度运行的可靠数据，因为个人过度负债和破产是充满政治色彩的问题，而媒体也经常报道有关债务人和债权人行为的"残暴故事"。

## 一、自然人破产的现有框架

【160】制度框架是一个涵盖以下内容的连续体：①行政机构支配的系统；②混合公/私系统，其中无力偿债的公共处理与私人重组方案共存；③主要由政府资助或私人中介提供服务的以法院为基础的系统。这些当然是理想类型。因此，法院在所有系统中发挥着某些作用。个人破产可以被包括在现有破产法内，或者是别的独立法律的一部分。这些选项的比较优势早先在第二章第一节进行了讨论。

【161】制度可基于公共和替代性私营部门和参与者之间的平衡进行分类。有些国家禁止私人债务管理公司，由公共

机构管理该制度。相比之下，其他国家提供了替代选择，既包括国家破产处理程序又包括替代性的重要私营部门参与管理重组。反对大型私营部门的存在的主要论点是存在他们对债务人这一弱势群体进行压榨的潜在危险，且认为债务问题是只能由法院和/或公共机构有效解决的社会问题。私人过度负债行业的存在无疑引发了滥用，使得公共规制成为必要，这本身就是评估公共和私营部门作用时必须考虑到的成本。不过，利用私营部门解决过度负债，有专业知识和成本方面的效益：任何制度如果完全依靠公共部门很可能招致债务人破产处理的延迟，私营和公共部门的作用之间需要实现审慎的平衡。

### 二、以法院为基础的制度和法院的作用

【162】多数国家都有以法院为基础的个人破产和重组制度。然而，法院在实践中的实际作用可能显著不同，包括以下方面：充当程序启动的看门人；制订还款计划；确定与财产和债务人义务相关的问题；监督破产管理人；确定债务免责。高收入国家限制法院作用的趋势增强，例如摒弃申请破产程序中法院听审的要求，认识到法院听审往往只是自然人破产的形式。在某些国家，个人通过行政机构提出破产申请。在其他一些国家，许多工作已经由债务顾问、律师或会计师完成，法官或他们的代表仅确保其形式上符合要求。这些观点并不意味着法院在决定个人在破产方面权利的作用不重要，而是说他们的干预只是例外，不是常态。

【163】法院有许多的制度优势。法官可以充当公正、可信的决策者。事实上，考虑到宪法和人权准则，法院可能会

被要求在个人破产中发挥一定的作用（见第二章第一节第 2 条）。他们可以监督这些参与还款方案管理的中介，解决在简易程序中的当事人之间可能发生的特殊争端。

【164】 不过，法院也有劣势。法院和法官的成本高，可能会被个人债务人视为难以接近和令人生畏，而且法院被设计为解决对抗性法律纠纷的机构。而个人破产案件中债权人和债务人之间对抗性的法律纠纷是罕见的，使得个人破产裁决即使在律师和法院是中心角色的制度中也主要是一个管理过程。如果法院参与，有必要对法官就有关债权债务、预算和社会问题等方面的问题进行培训。法院监督和规范个人破产过程的能力是有限的。他们只有在个人把问题带到他们面前时才能行为，严重依赖于个人的主动性。鉴于个人破产的利害关系，无论债权人还是债务人都没有足够的动机把问题摆到法官面前。

【165】 以法院为基础的系统可能有显著的延迟。司法系统面临的公共基金压力、下级法院解决债务的经济和社会问题的有限能力和法官作出决策的不一致，都对以下事项造成了压力：专业化的加强、占很大比例的"NINA（无收入无财产）债务人"的特殊管理进程、有意义的私人谈判案件的更有效分类。

【166】 一些国家通过修改法庭程序回应了 20 世纪 80 年代末经济衰退后过度负债的热潮，允许司法认可的、还款一段时间之后有债务免责可能性的债务偿还计划。他们试图通过要求在提交法院申请前尝试受监督的谈判协商从而节约司法资源。然而，这往往不能成功地分流案件，反而导致债务人咨询和庭审都要排队。

### 三、受托中介的作用

【167】 自然人破产的中介可能是律师、会计师或债务咨询师。这些中介可能有不同的背景、资历和作用。他们可能是公务员或私人专业人士；他们可以是法庭的官员或受职业规范约束。大多数国家的政府对中介的活动不提供补贴。在少数国家，当个别债务人无法支付破产费用时，地方或中央国家预算会资助他们的活动。因此，国家认可的聘用律师和社会工作者的机构可承担司法调解工作，由法院指定担任债务偿还方案的管理人。在其他国家，政府资助的债务顾问和律师可以共同协助债务人。

【168】 在协助债务人、谈判、管理和监督清偿方案方面，以法院为基础的系统必然比行政系统更依赖受托社会中介。它们在建立制度的有效性和正当性方面发挥着关键作用。受托中介可以显著降低交易和错误成本。他们可以保证现实可行的还款计划、核查债务的有效性、识别并调查债务人的不同类型、管理清偿方案并提供中肯的意见。对社会中介缺乏信任会削弱债务救济制度的有效性。在某个国家，相对于非正式和解，债权人更偏向于法定的庭审程序，原因之一是债权人认为法院比债务咨询机构更公正。在另一些国家，立法的复杂和训练有素的债务顾问的有限数量，导致案件大量积压以及债务人的中介和债权人之间信任的崩溃。

【169】 中介经常扮演一些潜在冲突的角色，一方面作为债务人的顾问，同时又管理方案、向法院报告，并确保债务人遵守破产的要求和清偿方案。债务人往往缺乏破产制度以及他们所做选择潜在影响的相关知识，特别是在有几种不同

的可选途经来处理自然人破产问题的制度中（多轨制）。这赋予了社会中介重要的权力，无论他们是律师、会计师还是债务咨询师。一些国家的研究表示，社会中介可以通过不恰当地引导债务人选择特定的解决方案，进一步强化他们自己的财务或意识形态利益，而债务人却没有意识到这一事实。[1]由专业人士行使自由裁量权或许不可能，但制度简化可以减少对广泛的专业干预的需求，降低债务人的成本。

【170】无论他们的专业背景如何，社会中介一般都受制于成本或者预算限制，或者受限于咨询人有限的支付能力。先进的计算机技术可以迅速为债务人确定大量的替代方案。考虑到为债务人提供个性化建议的人力资源的有限，可能的趋势是为过度劳累的顾问提供有限数量的标准化解决方案。计算机程序能解决这一问题，并监测决策形成过程以确保自由裁量的适当使用。认真关注引导消费者债务人选择不同解决方案的计算机程序的设计，可以实现长期的经济和社会效益。

【171】基于上述观察，促进中间人与债务人打交道的有力的道德准则和/或法规的出台是很重要的。联合国贸易法委员会的《破产法立法指南》（第二章第三节第 2 条第 1 ~ 7 款）规定了破产管理人的资格和个人素质指南。自然人的破

---

〔1〕 例如参见美国国会国土安全和政府事务委员会常设调查小组委员会："非营利行业的暴利：信用咨询行业的滥用行为"（2005）；美国消费者联盟、全国消费者法律中心："信用咨询的危机：削减经费对消费者的影响、高额的费用和侵略性的新市场进入者"（2003）；艾·拉姆瑟："市场需求、专业的自由裁量和中介机构在消费者破产中的作用：加拿大破产托管人的比较研究"，载《美国破产法律杂志》2000 年第 74 卷，第 399 页。

产引发了预算、家庭和社会问题，它也影响了当事人的合法权益。自然人破产中有可以胜任这些领域的中介发挥作用是有优势的，他们至少有一定水平的知识适当引导个人借助于家庭或社会机构。专业许可总是有不适当地限制进入该行业的危险。因此，在确定谁可以充当中介时，要在确保中介有能力处理个人无力偿债问题和不过分地限制可以提供建议和帮助的个人的范围之间取得平衡。

### 四、破产处理的管理模式

【172】在一些国家，公共机构在整理、处理和管理自然人破产方面发挥着显著的作用。

【173】行政处理可以引入一个稳定的官僚机构，该机构需发展以下所列能力：识别和整理值得研究和调查的案件，同时要给债务人和债权人提供中立的意见和信息。它可以积极有所作为以防止制度的滥用，并解决道德风险问题。行政处理的缺点包括：被债权人、债务人或专业团体控制的危险，以及政府内部的潜在利益冲突的危险。由于公共机构往往没有明确的成功措施（在盈亏方面），因此确保对该机构的适当监测和建立报告框架也是必要的。

【174】行政处理经验并不表示俘获的存在，虽然利用现行制度，如税收执行机制来管理自然人破产可能会要求对员工进行再培训。利益冲突可以通过行政和调查职能的分离来解决。现行个人无力偿债的公共处理机构之间有显著的差异。下面的材料概述了不同方法的主要轮廓，这些方法部分反映了历史路径依赖和政治因素。

【175】有几个国家采用了改良的官方破产接管模式，由

政府机构调查破产债务人的事务，并充当小型破产财团（一直以来这占据了破产财团的绝大部分）的管理人，这里破产财团的财产不能证明任命私人破产管理人与将更大型、更复杂案件外包的合理性。在采用这一模式的某些制度中，出现了试图外包所有案件的运动。政府调控的最初理由是债权人控制的失败。政府监督可以保护小额债权人，并确保商业道德的维护。个人破产在过去几十年中发生了转变，从主要由债权人针对小企业启动破产程序转化为由个人启动了绝大多数破产案件，这意味着这些机构管理的主要是个人破产案件。一些采用这种模式的国家制定了低成本的简易程序，无需法院参与，没有显著收入或财产的个人可在线申请。这些机构还可以为过度负债的个人提供信息和意见。这样一个机构的存在减少了专业咨询和代理服务的需要（和成本），并可以通过现代技术的使用简化手续和降低成本。

【176】有些国家为过度负债的个人建立了政府资助的"一站式商店"。该机构决定债务人是否符合准入标准，提出调解方案（包括延期偿付或债务的重新安排），并在必要时有权强制实施和解或为短时间内不可能提出偿债计划的个人提出债务免责的建议。法院在这样的制度中发挥一定的作用，系统运行的关键是由政府工作人员担任秘书。其他国家已经采用如税收机构或债务执行机构这样的现有机构来管理个人破产程序。

【177】在主要参与者是负责评估、管理和调查债务人私人破产从业者时，也存在公私混合型模式，但颁发从业许可证的公共监管机关可以通过在过程中严密监督实现干预。

【178】个人债务人很少有显著财产或收入来支付破产程

序的成本，政府处理个人债务人破产程序提出了如何实现破产处理过程的公共资金支持的问题（见下文第二章第二节第6条）。

### 五、制度框架选择中的制度比较问题

【179】第二章第二节第3、4条概述了法院和行政机关的优势和劣势。法院和行政机构作用的制度比较分析必须考虑到特定国家现有的制度环境。如果人们对法院系统没有普遍信心或只有有限的合格专业人员协助债务人，法院改革和合格专业人才的发展就可能会先于或与破产程序的引入一致。执行前在某些法院发展 ADR 机制或尝试新程序可能是有用的。

【180】对于个人负债水平不断提高的发展中经济体，为有效的个人破产系统建立全新的、全国范围内的官员和中介机构的基础设施可能要面临巨大的成本。研究法律其他领域得出的结论是，把极度复杂的程序从富裕国家全盘移植到贫穷国家，结果可能并不理想，因为这些贫穷国家的法院可能没有解决这些问题的管理能力。因此，至少在最初阶段，在现有制度基础上建立和保持程序简单是有优势的。

【181】一些高收入国家通过修改司法程序发展自然人破产的制度框架，另有一些国家则调整现行行政结构，少数国家推出新的框架结构解决消费者的过度负债。许多国家的立法过程普遍是对破产需求不断变化的性质的增量响应，例如承认对 NINA 程序的需求。这一经验也建议赞成明智的渐进主义，而不是制度设计方面的全面合理性。在对个人破产有政治争议的地区，这一路径可能更容易被接受。

【182】计算机技术的利用可减少处理成本和错误成本。通过被认可的中介在线申请破产程序，如可行，利用有随机审核可能性和征信机构数据的标准化的破产程序，可以在确保避免滥用的同时提供救济。一些国家已经采用了这种方法，其范围限制在一定程度之下的债务。随机审核尤为重要，如果债务人认为在没有财产的情形下不会进行适当的调查，一些债务人则可能被引诱在破产申请前"处置"他们所有的财产。

## 六、融资问题

【183】许多个人进入破产程序都会遇到融资困境。有五种可融资方式：①由政府拨款（包括债权人和债务人的成本费用）；②较高价值财产的破产案件交叉补贴低价值破产案件；③政府补贴参与这一程序的专业人员，并在当事人无力支付时免除其诉讼费用；④对债权人征税，如对不良债务征税以资助那些无力支付案件中的个人债务人；⑤除了法院系统的一般的公共资金之外没有其他政府支持。大多数国家采用了最后一种选择。在一些国家，在资助个人债务人和提供进入破产程序渠道方面遇到的挑战被私人专业人士通过私人处理的创新方法所化解。在其他国家，没有政府的支持很可能会削弱获得救济的可能性。在债务人几乎没有资源时，对个人破产制度提供高品质的专业支持是一个政策挑战。上述所有的融资制度都存在一些缺点：全部由公共资金资助的上述制度补贴了债务人和债权人，从而降低了其债权回收成本。由于这些资助是从一般财政收入中支付的，削减支出水平可能会有持续压力。交叉补贴取决于可能随着时间而变化的无

补贴破产数量的显著程度。对不良债务征税可能会受到操纵。用户支付制度可能导致那些无力支付费用或必要文件准备不足的债务人无法进入破产程序，这增加了管理成本。

【184】第一章第八节描述了个人破产的存在对债务人、债权人和第三方带来的经济和社会利益。如果这些利益的存在被接受，那么各方都应该为该框架的融资贡献自己的公平份额。"公平份额"可能意味着债权人通过征税作出贡献。债权人可能把部分成本转嫁给公众，但也可能有动力减少债务人违约的数量。对于资源有限的某些债务人，公平份额可能意味着没有贡献。

【185】通过解决制度费用方面可以有效弱化融资问题。一些国家已经通过引入简易程序来降低个人破产的成本，从而使得破产的传统手续，如债权人会议或债务人的审查只在特殊情况下发生。这些变化往往反映了现行实践的现实。正如上文第二章第二节第 5 条提到的，案件的初步处理越来越多地使用互联网。使用在线系统可以降低破产系统的整个成本，例如通过标准化评估和计算债务人的可支配收入和监督清偿方案的程序。合理使用在线方案可以在对待债务人的一致性和自由裁量之间实现理想的平衡。

## 第三节　正式破产制度的准入

【186】独立于自然人破产制度设计时的其他政策决定，个人破产和重组程序的准入标准应透明和确定，以避免债权人或债务人的不当使用。在一些国家，债权人和债务人都可以启动个人破产程序。然而，几乎所有的近几十年来推出不

同模式的自然人破产的国家都只接受债务人申请进入这些程序。如上文第二章第一节所示，即使在允许债权人提出申请的大多数国家，债权人对个人债务人提出破产申请也是罕见的。然而，也有一些个人破产制度是债权人收债努力的威胁，当与破产相联系的耻辱感越大，这种威胁就越强烈。个人破产的使用可能削弱第一章第八节所列出的自然人破产制度的许多潜在利益。

【187】 如果允许债权人提出申请，可能需要控制破产在何种程度上可作为个人债权人的补救措施，并防止其作为收债工具被滥用。这或者通过要求多个债权人方能启动破产申请，或者为个人债务设立一个高标准的财务底线作为申请的先决条件。后一种方法的缺点是必须不断审查财务界线，以确保其不会过时。

【188】 破产系统传统上设置两个标准作为通往破产程序的大门："停止支付标准"和"资产负债表标准"。[1] 前者是自然人破产的主要标准，比资产负债表标准应用起来更为简单。一些国家更进一步用"破产行为"来触发破产程序。这些都是历史标准，不适合现代个人破产法。现代个人破产法的核心问题是债务人无力偿还，而不是债务人的不当行为。

## 一、债务人的准入

【189】 个人破产和债务调整制度关于在何种程度上对债务人开放准入的规定存有差异。开放准入可被定义为：满足

---

〔1〕 参见贸易法委员会：《破产法立法指南》第二章第一节第1~2条；《世界银行有效破产原则和债权人权利系统》：C4.2 原则。

破产标准的个人，比如债务到期日无法偿还欠款，不需要符合更多要求就可进入允许债务最终免责的破产程序。如上文第一章第九节第 3 条所指出的，开放准入可减轻诚实但不幸的债务人寻求救济的疑虑。有的制度并不需要债务人无力偿债作为进入破产程序的条件。这种方法的优点是它降低了破产标准的初步筛选成本，即当申请被质疑构成滥用时将筛选成本转移到后期阶段。这也可以鼓励过度负债的个人诉诸破产救济。然而这种规定也有缺点。实践中未陷入无力清偿的个人不会申请破产，但一个没有无力偿债要求的破产制度在政治上是有争议的，将引发对道德风险的不必要的争论。事实上，尽管这种制度不需要破产测试，但当个人被归类为有可用于清偿债权人的超额收入时将被推定为滥用程序，也需要把债务人的强制性咨询作为申请破产的条件，这将增加兜底的筛查成本。

【190】有些制度提供相对开放的准入，但要求债务人被允许债务免责前需经过数年的良好行为期。在此期间，债务人必须拿出自己的一部分收入来偿还债务，但在实践中，多数债务人不作任何支付，因为他们没有多余的收入。

【191】债务人进入破产程序要符合一些法律和实践条件，其中包括：债务的最低水平；面向未来的"永久破产"测试；"诚信"；债务是由超出债务人控制的事件如生病或失业等造成的。债务人可能须证明其已经咨询被认可的中介，获得了咨询辅导，或者被允许提出破产申请前曾试图通过谈判解决问题。破产程序的准入可能依赖于清偿能力。破产程序的成本可能会限制适格债务人适用破产程序（见上文第二章第二节第 6 条关于降低成本的方法）。

【192】把破产界定为当前无法清偿现有债务的制度，和界定为包括债务人在未来能够改善他/她的财务状况和偿还债务可能性的制度，这二者之间是有区别的。有些国家采用前瞻性的"永久破产"的观点。这是一个推测性更强因而应用起来更不确定的标准，它提高了决策成本和错误成本，并可能导致采取全方位代理。因此，在这样的制度中，年轻债务人可能更难进入破产程序。

【193】限制性方法往往反映了使用准入标准以维持 pacta sunt servanda（协议必须遵守）的目标，或用经济术语来讲，防范道德风险的目标，即避免个人因知道破产可免责而可能被诱惑负担过多债务的风险。一些国家限制那些经历过非自愿失业等社会不可抗力的债务人进入破产，或通过善意要求对债务人行为做出判断。很难衡量这种方法在维持清偿道德方面的效果，但是相对开放准入的现行制度几乎没有什么道德风险的重大证据（见上文第一章第九节第 1 条）。这种制度通常对进入破产程序的个人进行中间阶段制裁（见上文第二章第二节第 6 条），而不是限制初始进入标准。此外，道德风险的任何减少需要权衡筛选成本和更严格的准入带来的社会成本的增加，其中可能包括生产力损失以及对家庭和健康的影响等。第一章第八节第 3 条概述了这些成本的潜在范围。

【194】解决潜在道德风险的一种方法是限制进入破产的频率。这可以通过适用亮线规则，限制债务人在规定的期间内再次进入破产程序。许多国家防止第一次破产案件后 2 年、4 年、6 年或 10 年内重复破产。或者，一些国家对重复资不抵债自动适用更深入的调查，只有"例外"的案例可以接受

第二次救济程序。

【195】"诚信"的概念在一些国家是明确的准入标准。这种开放松散的标准导致几个制度中的大量诉讼，下级法院基于对债务人的情况和行为的明显不同的看法作出裁判。事后判断个人的行为非常困难，同时去确定个人行为是否不幸、轻率或疏忽，以及疏忽与恶意之间的边界也是很困难的。由于这些困难，大多数适度关于故意欺诈或诚实的概念都采用了较低的标准。从破产管理的角度实施道德判断可能是无法实现的。然而，诚信要求容易导致裁判变化和纠纷增加。这个问题在司法机构相对分散的国家尤为严重。

【196】破产程序的准入标准可能是规则和标准的结合。破产制度可以通过规则来明确可能会阻碍进入破产程序的行为，如未能披露财产或提供虚假信息，同时留给法官或管理人员剩余自由裁量权按照某个标准来监督程序是否被滥用。政策制定时难以确定规则和标准的最佳平衡。过度包容规则和过少包容规则（包括那些不符合基本政策的个人，排除那些符合基本政策的个人）必须权衡一般标准的应用成本。在个人破产的准入方面，赞成有限的自由裁量权是有优势的。这要求立法机关清楚地阐明破产救济的规则，避免就艰难决定作出草率的政治选择，即通过制定一定的标准使司法机关在管理程序进入方面负起相应责任。管理规则的成本也更低，减少了对不必要的高水平专业知识的需求。

【197】正式救济制度的高准入壁垒可能导致个人处于"非正式破产"的状态之中。无法获得债务救济的个人失去参与社会的激励，可能需要持续的政府支持，或者转入"地下"多年以躲避债主，直到他们的问题消矢或激情降温。全

部免费的个人收债行为中，债权人是不大可能追回大部分债务的，但他们仍然付出了显著的社会和情感代价。不能获得破产救济也将导致政治危机如债务罢工，上文第一章第八节第 1～3 条在勾画破产系统的益处时已经描述了这些问题。

【198】 在一些国家，准入可能取决于关于咨询中介和取得破产替代方案建议的法律要求。这些中介可能包括律师、债务顾问、会计师或社工。这一要求基于个人可能没有考虑清楚破产的后果或不知道潜在的替代选择。它也可以被用以防止对系统的潜在的滥用。如果有充分的、高质量的咨询，并且有证据表明这种干预所带来的利益有可能超过成本，这一要求就是有用的。现有证据表明，强制性的破产前咨询在预防滥用或协助债务人避免破产方面根本上是涵盖过广的。这种咨询的一般要求可能会把有限的咨询资源从最富有成效的咨询案件中转走。

【199】 基于债务人的行为为其进入破产程序设置很高的初始障碍，和允许个人进入但可能因为其行为受到制裁，这些制度之间是应加以区分的。因此，某些制度准入条件相对开放，但如果债务人曾从事犯罪行为，如破产之前债务人担负没有合理预期能够偿还的债务，那么这样的个人可能会受到制裁或债务免除会受到限制。所以，开放准入并不意味着一个人的行为在破产中不会被审查或制裁。破产可以同时提供保护和惩戒功能。债权人或政府机构可以通过质疑个人免责的机会在这方面发挥作用。

【200】 债权人或机构质疑免责或制裁债务人的机会，提供了通过增加债权人的参与从而预防道德风险和增加个人破产制度的合法性的保护。然而，债权人有其他机会参与程序

（见下文第二章第四节），除非这一质疑的标准很明确，否则决策和错误成本的增加可能得不偿失。一些制度赋予法官相当大的自由裁量权来裁定免责问题，这些制度在决策方面表现出很大的差异。例如，法院在强调一个人的行为是否构成"奢侈"时，面临作出精准判断的困难。这里的错误可能存在破坏个人债务人的"全新开始"机会的危险。第二章第六节讨论了许多被破产制度排除在债务免责之外、反映立法机关政治决策的特定债务。

## 二、多轨破产系统的准入控制

【201】破产系统提供了从临时延期偿付、重整到完全免责的多种选择。下文第二章第五节第2条讨论了清偿方案的作用。破产法通过收入或财产标准设计不同程序的准入条件，或者要求所有债务人必须经过类似的程序，例如获得免责以完成清偿方案为前提。理想情况下，程序选项应与上文第二章第二节（制度框架）中讨论的不同类型过度负债个人的大致轮廓相适应。破产程序选项的存在提出了破产准入应在多大程度上依赖：①消费者的选择；或者②公共机构或官员的决定。现行制度在下列问题上意见相左：主要依赖消费者选择的制度需要公共或私人中介协助债务人作出决策，这些制度同时存在债权人或公共机构监督和质疑消费者选择的机制。主要依赖公共机构决策的制度减少了债务人决策成本，并能提供公正的决策以确保制度的完整性。在这些制度中需要程序来确保规则的一致应用，并允许对机构决策提出质疑。消费者选择和公共决策的相对平衡，会影响到债务人和公共系统要承担的成本和社会中介的作用。

【202】 破产系统在程序独特性和重叠性方面越复杂，处于弱势地位的过度负债个人在作出有效选择时面临的困难就越大。

【203】 公正的中介可以协助个人。在基于消费者选择的多轨道制度中，中介却可能有显著力量和兴趣引导债务人根据自己的财务或意识形态利益，而不是债务人的最佳利益选择特定解决方案。这种情形为规制这样的中介提供了支持。简化程序也降低了中介的权力和债务人的信息成本和信息处理成本。机构或部门为债务人和债权人提供适当信息可以降低信息成本。

【204】 有些系统依据收入标准进行初步筛选，以确定债务人的选择。这是区分"能够清偿"和"应当清偿"部分收入的债务人的简单但往往难以在实践中应用的方法。在破产后收入不作为破产财产的制度中，需要用这种方法来确定准入条件。这种方法还有助于获得债权人对过程的支持。根据规定，其他不在初步阶段积极筛选的制度可能自动适应盈余收入的要求，这将捕获在一段时间内的全部盈余收入（请参阅下文第二章第五节第 2 条的讨论）。在一些制度中，中央机构有效地决定了消费者的特别选择。

【205】 有些制度将债务救济限制在个人的消费债务而非企业债务。限制只有消费债务的债务人进入程序，可能会导致关于债务性质的诉讼，特别是考虑到小企业在消费债务和生产债务之间的大量重叠。经验表明，许多国家使用破产制度的个人中，有相当大比例都具有关系到失败企业的债务。单独的消费者破产制度的优点在于，它会考虑更直接的消费者案件。缺点是它增加了筛查成本，而且可能拒绝有企业债

务的个人进入程序，而这些个人与消费债务人的区别并不明显（见上文第一章第七节和第二章第一节）。

# 第四节　债权人的参与

## 一、债权人参与的概述

【206】企业破产中债权人往往可以获得显著价值，公司的重组和债务的规制须经债权人投票表决及债权人委员会（特别是在大型案件中）的参与。表决规则是复杂的，其结果取决于债权人的数量和未偿还债务的额度。

【207】相反，自然人破产程序中可获得的价值通常极少，债权人一般在破产程序中发挥的作用很小或不发挥什么作用。即使被邀请参加，债权人参与自然人破产案件也不是理所当然的。如果债权人认为参与案件符合他们的最佳利益，他们将参与其中；如果认为参与案件不可能增加分配额度，他们将不愿意参与案件。大量的自然人破产案件中债权人的预期分配很少或没有，因此，债权人的被动很可能是理性的选择。在涉及自然人的破产案件中，债权人经常认为从程序可能获得的分配不足以保证他们的参与。即使对破产程序的启动异议持续，结果最有可能是针对虽不依法享有救济权但实际上无力偿债的债务人的无法收回的债权请求。因此，当今世界绝大多数涉及自然人的破产案件中，债权人的积极参与是例外情形。

【208】一些制度通过降低债权人会议的法定人数处理这一问题（某个制度的债权人会议的法定人数降低至一个债权

人）；在其他一些案例中，破产制度找到一些方法来简化或者减少债权人的参与；在其他制度中，只有在存在可预期的显著财产价值或者未来收入时，才有债权人参与的机制。最近几年很多国家的立法者在许多领域得出的结论是，邀请债权人参与大多数自然人破产案件的微不足道收益远远低于通过这种参与而引起的显著管理成本和延误。因此，考虑到只有少量案件预计有显著金额分配给债权人，废弃债权人会议、简化债权的提交和核实以及其他形式的债权人参与成为明显的发展趋势。

### 二、方案确认中债权人的参与

【209】 与企业破产显著不同的是，债权人一般对清偿方案的建立（确认）、获得免责或其他救济几乎没有发挥有意义的作用。即使在债权人可以对方案进行投票的为数不多制度中，他们的表决一般只影响债务人的清偿数额而不是免责的问题。有些制度赋予持有某些确定比例（通常至少是相对多数，或者更高比例）债权的债权人更多的方案批准权力，尽管在这样的制度中，如果债权人拒绝提方案，大多数债务人完全可以通过非合意途径免责。尤其是在某制度中，如果债权人拒绝接受合意方案，标准免责程序的存在被明确视为以不良后果威胁债权人的"门后大棒"。

【210】 在商业环境下，不良债务的重新谈判被认为几乎完全是私人协商而非社会规划问题。商业实体的有限责任为这种情况下的债务人提供了强大的内在杠杆，国家可能对阻止债权人要债务人公司进行清算及消灭其存在的要求没什么特别兴趣。诚然，这一立场在过去几十年中发展迅速，拯救

和康复的文化也已经席卷了企业破产界。与保护和维护自然人及其家属的道德和经济的必要性相比，抢救和保护企业，特别是拟制实体的愿望总体上并没那么迫切。

【211】今天大多数社会都不希望债权人逼迫他们的自然人债务人消失，甚至不愿意看到债务人被限制在无限期的痛苦状态中。此外，与企业债务人相比，自然人债务人在谈判中更多地处于实质上的弱势地位，最起码，他们一般不太能够利用复杂的财务分析或借助专业的支援帮助他们谈判。一旦形势恶化到自然人债务人将寻求正式破产救济的地步，自然市场力量和契约自由就不再是公众健康和福利的充分保障。

【212】对于已经选择采用自然人破产制度的社会，如何通过法律干预调整债务的决策通常被视为不只是合同法这么简单的事情。债权人的利益不是通过谈判筹码而是通过国家权威机构作为他们的代表从而得以保护。困境债务人牺牲的适当水平和债权人保护与妥协的适当水平，是敏感的社会政策问题。不同地区的政策制定者似乎都一致认为，归根结底，这些问题最好通过政治代表来解决，政治代表的任务是平衡不同利益团体，如债务人和债权人之间的利益冲突。国家有关部门一直被赋予就破产清偿方案的持续时间和牺牲水平做出重要决策的任务，而不是把这些问题交由债权人和债务人私下谈判。如果债务人愿意并且能够履行破产制度对他们精心设计的要求，他们将获得破产制度提供的救济，尽管被征求关于救济条款意见的债权人几乎所有情况下都会高声反对。

【213】即使最后的选择是完全强迫性的结局，契约自由和债权人参与的一些因素将继续在许多破产制度中发挥核心作用。上文第二章第一节关于非正式、庭外安排的讨论提供

了一个基本的示范。即使在正规的救济制度中，任何个人案例的解决方案都至少受到债权人协议的部分影响。例如，在一些制度中，债权人可以选择接受妥协方案以避免法院强加的清偿方案和免责程序。如果多数债权人接受债务人的预计5年收入不豁免的提议，虽然少数持异议债权人有反对意见，这样的方案也是可以得到确认的。近几年，有些制度中大量的自然人破产案件成功采用了债权人同意和法院强制的组合方式。然而，这种中庸做法在其他国家的成功概率明显降低，尤其是在不只要求债权人简单多数支持的地方。关于侵蚀契约自由的担忧，通过向债权人提供机会去接受债务人的窘迫现实得以解决。但是，如果债权人拒绝接受，大多数现行破产制度的基本前提是，只有当更高的权威愿意介入，为债权人、债务人和社会的总体利益处以折衷安排时，制度目标才得以实现。

【214】通常指定法院或有关行政机构而不是债权人作出方案确认和免责的决定，这是基于以下几个原因：

（1）债权人对债务调整采取非常不同的政策。有时重要的债权人，如税务机关、各大银行或购买了大量债权的收债公司，做出政策决议反对自然人的全部或大部分类别的破产申请。在某些制度中，某些类型的债权人在记录上被"原则上"反对这种情形的救济。在许多制度中，法律禁止税务部门和其他政府行为者投票支持从公共债务提供救济。这些政策和法律非常不利于债务人，特别是因为这些广泛的政策忽视了债务人的利益或清偿方案的质量，这些政策最终削弱了破产制度为其他债权人和社会带来的如上文第一章第八节的讨论的诸多好处。

（2）债权人的被动性问题。这会给表决带来严重的后果：如果多数债权人保持被动，"多数"的决定可能反映了随机的多数。除方案确认过程完全排除债权人参与外，有少数几个制度设计了解决这个问题的办法：债权人被邀请就方案表决，债权人的被动被解释为不反对方案或债务免责。因此，表决时的被动债权人都算作隐含接受这一计划而被排除在法定人数之外。

（3）债权人可能无法充分了解债务人的情况和形势。因此，他们的意见是基于部分信息得出的。根据程序法的一般原则，债权人当事人有权获得和检查所有相关信息。但很多时候债权人缺乏兴趣，他们不参加听证会，也不要求完整的文件。法院或其他管理人收集所需信息并有责任去研究这些信息，在适当的时候应听取债务人意见。因此，法院或管理人有更好的条件根据债务人的整体情况作出决定。

（4）债权人发现自己的处境或许是其他动机影响他们对有关债务人破产程序的后果做出理性判断的能力。在这种情况下，债权人可能会被要求参加听审，给予展示他们情况的机会，但相互冲突的利益将阻止他们处于判断案件后果的最佳地位。

【215】自然人破产制度中，债权人的权利通过不同方式得以保障。一般说来，债权人有机会在法庭或管理程序被听审，且有反对债务人请求救济的权利；他们也有机会提供一些情况证据使得救济缺乏正当理由；可以要求展开对债务人或第三方的审查；有时也允许对计划的内容进行评论，例如要求高于债务人提议的清偿比例。如果债权人反对免责和偿债方案，可以在法院或管理人面前举行听证会，但通常债权

人是通过书面形式来干预程序。在这些制度中，行政机构或破产管理人对程序的进行负主要责任，异议债权人有权将案件起诉到法院。法院已确认的方案，债权人可向上级法院提出上诉。然而，如上所述，债权人如此参与的实例非常罕见，因为经济赌注通常实在太小不足以证明其投资的合理性。

【216】尽管债权人缺乏参与，但他们的权利有时可以通过一种特别的方式得以保护，具体做法是由法律为那些在免责后或方案确认后发现财产或意外收入的案件规定一种程序。某些制度包括允许债权人或制度管理人要求重新启动案件、收集和追溯分配新价值给债权人的机制。但在一些现行制度中，是由债务人保留这样的意外之财。某些制度认为破产程序对债务人的终局性甚至比确保债权人从债务人后来发现的资源中获取最大清偿更关键。

### 三、债权的申报和核查

【217】如上所述，在涉及自然人债务人的案件中，部分破产制度已经完全摒弃债权人债权的申报和核查，除非管理人预计有价值分配给债权人。那些没有取消债权申报的制度，债权人申报债权证明的程序各有不同。大部分的债权申报过程以当事人自愿、诚实遵守为前提，因此，许多国家对提交虚假或欺诈性请求的债务人或债权人适用制裁。本主题包括在《破产和债权人权利标准（ICR 标准）》中，自然人破产环境下的债权申报和核查几乎没有提出独特的问题。

【218】但是，至少有一部专门为自然人制定的破产法作了债权拒绝的独特规定。此法筛选出那些不充分考虑债务人的其他现有债务、收益能力或整体信用而向自然人债务人发

放信贷的债权人。虽然实际中这一规定已很少应用，但它是立法者向获得信贷的债务人，也向提供信用的债权人灌输责任意识的普遍愿望的重要体现。预期效果如上文第一章第八节下的第 3 条第 3 款的讨论，而这一规定是强调债权人责任的愿望如何在债权核查过程实现的唯一表现。

【219】自然人破产案件中尤为重要的最后一个问题是严格执行债权申报的最后期限，尤其是在涉及清偿方案的情况下。有些制度简单地拒绝分配给任何债权申报超过期限的债权人，而另一些追溯调整清偿方案或其他价值分配机制以考虑延迟申报的债权。这在追溯修改债务人的义务，使得债务人无法实现新要求的情况下将引发明显的问题。因此，至少有一个专门为自然人设计的制度最近已经作出修订，禁止修改确认后的清偿方案，并拒绝受影响的债权人获得分配，除非债务人在某种程度上有过错，比如其在最初的救济申请中因疏忽而未提及此类债务。

# 第五节　破产程序的解决方案和债权的清偿

## 一、通过破产财产的清算实现清偿

【220】从历史上看，破产制度把债务人的财产看作向债权人分配清偿债权的唯一来源。有一个制度，在寻求救济之前完全依靠债务人自身出售财产并分配价值给债权人，以此作为债务人严肃对待债务问题、负责任地应用现有价值的标志。然而，在几乎所有其他的制度，任命公共管理人或某种受托人负责盘存、收集和出售债务人的财产为债权人创造价

值。许多破产和债权人/债务人体制的一个值得注意的发展趋势是，放弃完全依赖公开拍卖这样的销售方式，转而由破产管理人灵活选择私下出售债务人财产的方式，如果这个解决方案可能会给债权人带来更大价值的话。

【221】大多数现代制度至少在初期继续采用关注债务人财产的做法（关于清偿方案的讨论，请参见下文第二章第五节第二条），但通常这只不过是一个形式而已。实际上，现行自然人破产制度的绝大多数债务人已被证明几乎没有任何财产可用于清算和债权人分配。因此，有几个制度已经完全放弃了尝试清算债务人可用财产的步骤，除非债务人看来有大量财产可以保证库存和清理过程的大量管理费用。

【222】债务人可用于清偿债权人财产不足的原因之一，是大多数社会已决定债务人必须留下用以维持自己和家人的生活的财产。因此，债务人财产清算的任何讨论都必须专注于法律上哪些财产是不可以清算的，因为实际上可用于清算的有价值的其他财产是很少的。

（一）自由财产

【223】豁免债务人的某些财产不用于清算和债权人分配的概念是与免责原则紧密联系在一起的。它也关系到许多国家非破产法中保护某些财产免于判决后（在有些国家是判决前）的执行和扣押的自由财产政策。自由财产的理念是，当债务人获得免责、退出破产并获得全新的开始时，他们首先应该有足够的财产以满足自己和家人在破产后的最低生活需求，必要时包括最低的业务需求。下文的讨论区别了破产案件启动时存在的财产豁免和程序启动后形成的财产豁免。

【224】在某些制度中，自由财产是破产救济体制的不完

美的替代方案。从历史上看，这些制度中的自由财产发挥了
缓解破产债务人困境的作用，尤其是不存在免责时。然而，
自由财产的效果不足以为债务人提供真正的重新开始机会。
虽然破产救济最终限制了债权人的权利，并为激发债务人的
未来生产力提供了"全新开始"和新的激励，但自由财产一
般不限制债权人权利。也就是说，当债务人从自由财产获得
一些保护，他们的生产动力仍然受压抑，因为今后任何超出
自由财产范围的多余财产或收益，经常仍然确定无疑地属于
债权人。自由财产制度因此不足以实现破产制度的大部分利
益，如上文第一章第八节所述。

【225】许多破产制度有处理债务人滥用自由财产政策的
机制。例如，在一些制度中，如果债务人试图隐藏某项财产，
法律将禁止豁免该财产。撤销行为对抑制临近破产前一段期
间内的欺诈转让行为发挥了重要作用。ICR 标准中详细介绍
了撤销行为。

【226】历史上，大多数制度将自由财产范围设置在很低
的水平。在一些地区，自由财产就债务人可以保留的商品的
总价值设置了低水平的金钱限额，包括自己及其家属的贸易
工具、必要服装和床上用品，这体现了一种严格规范路径，
其运作的文化环境是债权人怀疑破产债务人的诚意，因此给
予债务人的只是最低限度的自由财产。自由财产规定的过时
会导致这些规定在实践中变得不切实际进而被忽视的问题。

【227】放宽自由财产范围的趋势不断增强。当国家使自
由财产适应现代需要时，他们普遍提高了自由财产的水平和
范围。这也节省了费用，因为估值在许多国家已成为越来越
沉重的负担。

【228】决定哪些财产可以被豁免主要有三种不同的方法。第一种方法是预留总价值达到规定上限，债务人可以寻求从破产财产中获得豁免的一系列财产。这在历史上是一种流行的方法。目前许多制度采用的第二种方法是现代化了的第一种方法，为债务人设定了可以寻求获得豁免的特定财产的类别（和价值）。债务人有义务设法从破产财产中豁免这些财产。第三种方法采用一种更普遍的基于标准的方法，已被许多制度采用，该方法从破产财产中免除大部分财产，由破产管理人对有价值的家庭或日用财产的豁免提出异议，从而使这些财产可能重新回到破产财团。

【229】从这三种不同方法的运作可以看出，采用一种方法而不采用另一种方法对破产程序和进程有显著影响，例如对债务人行为的影响或者对于管理人必须全身心地投入到监管债务人财产上的时间和成本的影响。需要记住的是，作为一般原则，可被豁免财产上的担保权益不受豁免影响。因此，如果债务人房产上设有抵押担保贷款，其房产豁免将并无助益。

1. 达到一定总值、狭窄范围内的债务人财产的豁免

【230】在第一种方法下，破产救济申请（或命令）之时债务人的所有财产自动成为破产财产，债务人之后有机会为自己和家人豁免狭窄范围内的财产。从历史上看，这一方法下自由财产的范围往往有限，只包括非常低水平的债务人的贸易工具、债务人及他们家庭的必要衣物及床上用品。这种豁免方法追溯到破产法在性质上更多是刑罚的时代。在这样水平的自由财产下，债务人和他们的家庭成员的生活接近贫困水平。

【231】按现在的标准来看，旧法关于自由财产范围和数量的限制远不合理，这些限制使得许多债务人处于困窘状态，牺牲了他们对社会的未来贡献。多年来，在采用这种方法的许多国家，如果自由财产的水平和范围没有增加，限制在实践中被忽略。

2. 债务人特定财产的豁免

【232】第二种方法是第一种方法的现代改编版。在这种方法下，把债务人在提交破产申请（或命令）时的所有财产分配给债权人，这在技术上是可行的，债务人则有机会豁免不超过一定限额的特定类别的特定财产。

【233】这种方法从许多制度采用的方法发展而来，在执行债务人财产过程中（通常判决后）为债务人提供保护。这样的制度给债务人提供的自由财产取决于多种因素，如债务人的生活地点、职业以及债务人是否有家庭。因此，豁免和自由财产的价值，可能在农业和城市地区有所不同，个人债务人和有家庭的债务人也有区别。在遵循这一方法的制度中，法律规定了债务人可以寻求豁免的、范围广泛的财产类别，包括家庭住宅、汽车、家居用品和家具、贸易工具等。

【234】破产程序为宽泛种类的财产设定自由财产界限，包括债务人的家宅、机动车（或交通工具）、主要是债务人或债务人家庭个人、家庭或日常持有的一般家庭用品，债务人的专业书籍或贸易工具，未到期的寿险保单和健康辅助设备等。

【235】在某些制度中，如果债务人无法用尽某些类别财产的豁免限额（如家庭住宅），债务人可以申请将未使用的额度（可能有上限限制）转入其他财产。有些制度甚至允许

债务人出售部分财产去购买自由财产。更极端的是，在那些自由财产法律规定家庭住宅完全免受债权人追偿的地区，债务人有动力在支付范围之内购买最贵的房子。这一系统下的此类行为不会被视为欺诈，因为债务人仅仅是在利用法律关于自由财产的规定。为了防止此类阴谋，一些制度为那些在破产案件之前一定时期（也许长达 3 年或 4 年）内购买房产的债务人可豁免的房产价值设置了限制。

【236】在只豁免某项财产部分价值的情形下，可为债权人留下一些净值。破产管理人如果变卖债务人享有豁免的这类财产，应支付债务人在财产上享有的达到豁免额度（限额内）的现值。为了避免与各种强迫销售相关的直接和间接损失，如果债务人希望保持财产，一些制度允许债务人通过向破产管理人支付豁免额之外的余额的方式来实现。

【237】使用自由财产机制，允许债务人申请豁免达到一定价值的某些类别的财产，具有普遍公平的优势。这种方法在大量破产个人都是拥有许多财产的中产阶级的国家可能是有意义的。但是，这种公平是以效率为代价的，因为当债务人试图在更广泛的财产类别争取利益最大化时债务人和破产管理人（或债务人的债权人）之间可能会有分歧。这种方法的另一个缺点是，可被排除在破产财产之外的自由财产价值的限额往往过低，或如果立法中的自由财产价值不随通胀增加，随着时间的推移价值限额变得太低。当这种情形发生时，一些制度的做法是严格停止执行豁免，并允许债务人保留超过法律允许的财产。在一些经历过恶性通货膨胀的国家，为避免该问题，破产制度使用了人为的或名义的价值测量方法，这是一种定期被政府更新的价值单位。

3. 基于标准的方法：破产管理人寻求收回具有超额价值的物品

【238】第三种方法，即基于标准的方法，其处理问题的角度与前两种方法相反。在这种方式下，债务人在破产申请（或破产令）时的全部现有财产是可以获得豁免的，破产管理人/政府监管机构负有申请收回对债权人和破产财团有价值的、超额特定财产的义务。

【239】这种方法的基本假设是，债务人的大部分个人物品对他们及其家庭的价值，要超出对债权人的经济价值。大多数破产债务人具有有限个人财产的制度中，这种方法可以更高效。破产管理人/政府监管机构只需对债务人有超额价值的特定财产的案件进行干预。

（二）依据财产类型分类的特定豁免

1. 家庭住宅豁免

【240】债务人的住宅通常是他们最宝贵的财产，在很多情形下，也是债务人失去最多净值的财产。也可以说这是债务人心理上最重要的财产，因为住宅作为家庭的交汇点，为家庭提供了保护。因此在抵押品回赎或破产中丧失住宅会对债务人造成严重不良影响，家庭住宅应作为最重要的财产之一予以保护。

【241】虽然关于家庭住宅豁免的重要性没有异议，但允许有不同的限制。在更复杂的州/联邦制国家中，甚至在同一个国家都有很大不同。例如，有些州可能对家庭住宅豁免额没有任何限制，甚至允许债务人出售其他财产来购买一幢昂贵的住宅。

【242】有一些制度采用关于家庭住宅豁免的另一种方

法，是债务人及其家属有权在指定时间内（如 6 个月）继续住在家里，并且可以申请延期。在这一方法下，虽然债务人不能使家庭住宅豁免于清算和分配给债权人，但能够保证破产案件的启动不会导致债务人被立即驱逐出住宅。

【243】家庭住宅往往涉及共有，以及债权人是否（以及如何）可以寻求共同财产的分割或财产如何在破产和非破产方之间分割等相关复杂问题（见下文第二章第五节下的第 1 条第 5 款）。

【244】在一些制度中，一旦授予免责后，归属破产财团的债务人财产不会返还给免责债务人。这条规则导致某些制度中的破产管理人为卖出好价钱从而推迟出售债务人住宅的复杂局面，在某些情形下，甚至推迟到债务人被免责后。有一个制度修订后结束了这种做法，修正案规定，如果破产管理人在破产案件启动后 3 年内没有为债权人利益实现财产价值或启动实现财产价值的程序，在住宅上的权益将返还债务人。

## 2. 汽车/交通工具

【245】汽车或交通工具是债务人的另一项最有价值的自由财产。在某些债务人居住的地区，如果交通工具不获得豁免，债务人可能无法去上班，因此可能会失去他们的工作。因此，与自由财产的引入基于同样的理由，汽车和其他交易工具是与贸易工具类似对待的。

## 3. 家居用品

【246】大多数情形下，债务人的家居摆设的价值微不足道。大多数采用单项财产立法方式的国家既列出家居用品豁免的总价值，也列出任何单项财产豁免的金额限制。

【247】在那些采用基于标准的方法的制度中，债务人一般会被允许保留他的所有家居用品。破产管理人会被允许收回对债权人有重大价值的物品。同样，一些采用债务人特定财产豁免方式的国家规定，超过一定价值的某项物品不能被纳入"日常财产"。

4．工资/薪水和养老金/退休金计划的部分豁免

【248】大多数制度允许债务人保留其在破产案件启动后提供服务获得的收益。有些制度规定了债务人付款令或鼓励债务人自愿同意支付破产启动后的部分收入到破产财产（详见下文第二章第五节第2条中清偿方案的讨论）。至少，债务人可以充分保留申请后收入，以满足债务人及其家庭的合理日常需要。允许债务人保留足够的收入是基于人道主义考虑，但这同时有利于债权人，因为这一规定增加了债务人的清偿能力。

【249】目前，许多中产阶级债务人的最大财产是他们的退休金/退休财产。破产法对养老金权利的影响是破产法比较混乱和困难的领域之一，法律试图在债务人对债权人的清偿义务和债务人的"全新开始"及获得退休金渡过退休生活之间取得平衡。

【250】有些制度在下列两者之间做出区分：①债务人的个人养老金政策，这是公司与养老金提供者的合同协议，②职业计划，这是雇主建立的养老金信托。在采用这种区别的制度中，作为一般规则，个人养老金合同被授予破产管理人。至于职业计划，处理方式较为混乱。在一些制度中，没收条款，即破产时成员的利益将被没收并支付给成员（即债务人或配偶或被抚养人）的条款，其对破产管理人是无效

的——受限于个人没收条款的语言表述。在一些制度中，对于破产前的缴费，需要区分没收条款对雇主缴费份额（允许）和员工（破产债务人）缴费份额（不允许）的有效性。至于破产后的缴费，符合授权界线的破产后缴费构成破产财产的一部分，因此当这些缴费份额可支付给债务人时，应支付给破产管理人。然而，破产后取得财产是否必须通知破产管理人不确定。另一种方法是只要资金继续留在普通基金内，破产管理人同意不向破产债务人与雇主提出强制性缴费的请求。

【251】其他制度采用一种更简单的方法，允许全部或者超过相当数额的高限值豁免某些确定的退休计划。

【252】总体而言，许多制度的情况很混乱，需要某种类型的立法干预，以澄清债务人的退休金或退休财产是否应可用于分配给债权人，还是应该不受债权人的攻击并为债务人保留最后的退休金，如可用于分配，那么应该到什么程度。

5. 专业书籍、家具、设备或交易工具的豁免

【253】大多数制度至少豁免一定额度的专业书籍、设备或交易工具。限额在按照债务人方式豁免特殊财产的制度中是适当的。采用基于标准的方法，即破产管理人寻求收回超额价值的物品的制度通常会比较大方。随着越来越重视债务人的复原，破产制度对这些财产的限额越来越高而不是越来越低，这是合乎逻辑的。

【254】在某些制度中，汽车的豁免是与交易工具豁免的观点联系在一起的。某些经济活动中，汽车是商业的必要财产。汽车或其他交通方式的使用，在许多地理区域对从事多

数商业活动或上下班是必需的。因此，豁免债务人的汽车，往往使得债务人从事有生产力的经济活动从而更容易清偿债权人。参见上文第二章第五节下的第 1 条第 2 款第 2 项。

（三）自由财产制度的效果

【255】从上文的讨论可以看到，关于自由财产制度的选择会产生明显的后果。历史上，留给债务人的自由财产水平只略高于贫困线。现代趋势是促使债务人有一个真正的全新开始和围绕充足水平界定的辩论。考虑到许多债务人的退休账户的金额之大，退休财产是最重要的问题之一。

【256】管理的效率和成本也有显著差异。与基于标准的方法中破产管理人寻求收回超额的物品相比，基于债务人的特定财产豁免的方法管理成本更为昂贵。但是，在许多债务人都是中产阶级和有大量的超额财产的系统中，这些差异可能会比较有限。

【257】自由财产制度设计必须考虑的一个因素是，清算低值财产所需的行政费用几乎不能说明资源的有效利用。有许多财产被他们的所有人高估，而这些财产的价值对他人是没有意义的。豁免这些财产对债权人造成的损失是可以忽略的，但债务人却能明显受益。

（四）破产后取得的财产

【258】大多数制度通常会区分债务人在破产案件启动时的财产（可用于分配给债权人）和视申请后或破产后情况债务人获得的财产（这些财产通常由债务人保留）。然而，破产制度要防止债务人策略性地确定破产申请的时机，从而使得债务人完全逃避清偿债权人的债权而在申请后或破产后因如遗产之类的意外之财而受益。因此，许多国家规定，债务

人申请后或破产后一定时间（例如 180 天）之内获得的利益，成为可分配给债权人的破产财产。这些利益可以包括捐赠、遗赠和继承等获得的财产；与债务人配偶签订的财产和解协议的利益，或者中间或最终离婚令而带来的利益；人寿保单或死亡受益计划的受益人的利益；彩票奖金的收益等。在没有对这些情形制定规则时，债务人策略上可以申请并自行保留申请后的意外收获。

（五）家庭财产和财产的分割

【259】如上所述，共有为个人债务人提出了复杂的法律问题，这些问题经常出现在评估债务人及其配偶的权益等方面。这些问题的解决往往取决于相关非破产法的规定和财产的可分割性。

【260】在一些制度中，假设没有相反证据，一旦作出破产救济令，债务人作为共有人所有的一半财产由债务人持有，归入破产财产（只要财产是不可豁免的）。当然，破产管理人是否能够出售上述财产中的债务人的权益（尤其是当财产正由债务人和他/她的配偶使用时），这是另外一个问题。在其他一些制度中，当共有人（配偶）反对时，法院较少同意债权人出售住宅的申请，债权人也不大可能得到大额经济利益，而且还会有显著错位，在心理和情绪上伤害债务人的配偶和家属。

【261】在非破产配偶一方的赠予指定用于购买住宅或清偿抵押贷款时，关于住宅也会出现复杂的问题。因此，当财产不是家庭住宅，或共有人并非夫妻，或可以给债权人带来大额经济利益时，共同租赁或以其他方式共有的财产的出售更为容易。

### 二、通过清偿方案实现债务清偿

【262】由于大多数自然人债务人现有的财产几乎没什么价值，现行破产制度最常见的要求是债务人贡献部分未来收入，以换取该制度提供的任何利益（通常是未偿债务的免责）。不管提供救济的形式和程度如何，大多数制度为自然人设想"挣得开始"，而不是简单的没有预期贡献或努力的债务人的"全新开始"。自然人破产政策最困难的一些问题产生于制定清偿方案时，特别是债务人为实现债权人的利益要劳累多长时间、债务人需要清偿到何种程度（即除了用来清偿债务的所有超出部分，他们能保留多少）这两个问题。一旦清偿方案确定，一个有效的破产制度必须考虑负责监督债务人的合规性和根据情况变化修改方案的可能性。这些问题在下面的部分中讨论。

（一）方案期限

【263】构建清偿方案制度开始于一个看似简单但很具争议和挑战性的问题：预计债务人需要在多长时间内投入收入剩余来偿还债务？决策者很早就努力地在为选择特定的时间期限阐述正当的理由，现行制度中没有哪种选择是被其他制度一致跟随的。在某种程度上，这个问题的答案取决于向债务人强加清偿方案以换取破产救济可能的预期目标。

【264】如果预期目标只是最大限度地清偿债权人，人们可能会认为，更长的清偿期限是适当的，但这里立即提出了最重要的抵销考虑。回想一下，自然人破产制度的几个主要目标通常涉及去除生产力的阻碍因素。终身债务是一个阻碍生产力的负面因素，即使是有限的还款期限也会压制债务人

的积极性，延迟债务人的康复，并推迟实现前面讨论的破产制度的许多其他目标。决定适当的还款期限可以很快到达快速收益递减点。此外，现行所有的重要破产体制的经验都显示，无论还款期限的长短，几乎没有债务人在债务人的基本需求和破产系统的管理成本之外还有足够的资金为债权人产生实质性利益。延长还款期限实际上很有可能抑制债权人的利益并减少可以被破产制度帮助的债务人的数量，从而大幅降低破产制度的正面效果。

【265】一个可实现的更普遍的目标简单来讲就是灌输清偿责任，避免债务人的道德风险。接受了大多数债务人不太可能给债权人带来显著收益的现实之后，很多现行制度似乎主要追求这样的教育目标。使债务人习惯于常规预算、支付账单、提交报税表等，这本身已被一些政策制定者视为独立利益。这种方法远远比试图最大限度地回报债权人更加复杂。债权人的收益很容易量化和测量，而使债务人经济上更负责任则代表了意识和态度之间的隐藏斗争。破产制度是否对债务人态度和行为产生重大影响是一个得不到满意分析的问题。然而，非常肯定的是，现有证据表明，较长的还款期限会抑制寻求和获得救济以实现该制度目标的债务人的数量。许多现行制度的经验表明，一旦债务人发现延期的、多年清偿方案的要求和严峻考验，有些人会因为担心无法承受牺牲而放弃这一过程，很多人会因为执行方案的实际失败而被迫退出。

【266】无论清偿方案最终选择什么样的持续时间条款，作出这一选择至少有两种技术方法，其中一种方法比另一种方法明显低效：首先，由决策制定者如法官逐案裁量作出决定；其次，法律预先定义，以同样的方式适用于所有情况。

如上文第二章第四节第 2 条所讨论的，在这两种情况下，债权人很少受邀参加决策过程。

【267】前一种灵活方法经常导致以下两种不良且弄巧成拙的后果之一：第一种后果是采用灵活方法的早期制度很快发现，决策者往往过度延长还款期限（例如，超过 10 年），几乎保证了债务人无法完成他们的方案。如果获得救济的条件实际上难以达到，破产制度的目标几乎不能实现。最起码，如果想成功地采用灵活方法，决策者必须接受正确的教育，了解超过数年的清偿方案将造成债务人实践上和行为上的多种障碍。

【268】采用灵活方法的第二种相当普遍的后果是清偿期限的自发性和系统的标准化。尤其是在把时间范围作为最终决定的"指导原则"的制度中更是如此。通常情况下，不同案件采用不同方法，这些制度中的当事人从中几乎没有获得什么好处，绝大多数情形下他们针对清偿期限只是应用单一的、或多或少统一的方式。两个相反的例子说明了这一点。在某个国家，虽然法律允许 3～5 年的方案，但实践中清偿期限迅速标准化，绝大多数方案设置了 5 年期限。与此相反，另一个国家最初颁布的法律也赋予法官将方案延展 3～5 年的自由裁量权，但是该国极少数方案超出了标准的 3 年期限，期限范围的下限成为常态。如下文所讨论的，在确定方案要求的清偿额度时，可以更明显地察觉到对灵活性的排斥和标准化的倾向，同样的现象也影响了方案清偿期限。

【269】如果要为所有的方案选择单一的标准期限，多久才是最佳的时间长度？不幸的是，现行制度几乎看不到什么一致性。最常见的还款期限往往界于 3 年和 5 年之间，多数

法律都设定了 5 年的标准还款期限。但是，这些决定很少有明确的或特别有说服力的理由。例如，一个国家选择 5 年是基于比较行为的分散样本，包括豁免社会救助清偿债务的现行规范、税务机关的普遍妥协做法以及其他国家不断演变的法律规范。选择一种而不是另一种期限最有经验意义的基础出现在另一部破产法的立法史上，政策制定者得出的结论是，自愿性和解协议积累的经验表明，预期债务人超过 3 年的时间都生活在温饱水平，"从社会角度而言是不负责任的"。事实上，许多国家的经验表明，超过 3 年期限的方案失败的远多于成功的。

【270】在某种意义上，这显然是一种价值判断，但实际上，立法者也需要铭记在制定较高目标和可达到的目标之间取得平衡。许多国家的实践表明，超过 3 年期限的清偿方案的失败概率更高。例如，某个制度中，始终有 2/3 的清偿方案在 5 年期限结束前以失败告终。遗憾的是，大多数国家关于方案的表现只有很少的实证证据，所以，没有很好的数据来支持更长方案期限所产生后果的强烈结论。然而，现有证据和广泛的传闻报告一致表明，方案长短和方案成功概率之间呈反比关系。特别是发展中国家，其经济发展的特点是高度波动性和不确定性（特别是严重的通货膨胀），瞬息万变的经济环境使得即使是短期的成功规划也是不可能的。

【271】两个近期改革的制度的独特经验表明，长期方案的负面影响可能会减弱。在这些系统中，法律包含了一个巧妙的战术，即在延展的清偿方案期间的后半段采用为债务人提供标准的、分等级的"动机回扣"，即年度分配收入的 10% 或 15% 作为报酬和动力来激励债务人。此外，为避免清

偿期限在已经超过平均标准期限的情形下的意外延展问题，其起始点明确是与间或旷日持久的破产管理进程的开始，而不是它的结束，联系在一起的。

【272】通过减少清偿期限至 3 年，两个制度中的政策制定者近来已进行或建议进行更为彻底的改革。但是，其中一个制度关于交换条件的最新建议，几乎排除了全部债务人。它只为剩余收益至少覆盖 1/4 债务的债务人提供了更短的期限。鉴于经常看到的事实是，绝大多数债务人在该制度中没有足够收入为债权人提供清偿利益，因此，建议为 3 年内能清偿主要债务的债务人缩短偿还期限，这很可能是虚幻的改革。

【273】不过，比例增减法是值得一提的。这种方法为无法作出显著清偿的债务人实行更长的还款期限，早期作出较大额度清偿的债务人则可缩短清偿期间，从而为债务人创造了激励机制。另一方面，对长期贫困的债务人施加较长的清偿期限似乎反而适得其反。这种方法几乎对债权人没有益处，只是增强了债务人遭受的痛苦和牺牲，延缓了破产救济制度的现实社会利益，而没有明显的补偿利益。这一点将在下文再次提及。

（二）清偿债权人：合理的支出和"过剩"的收入

【274】对债务人施加清偿方案的共同目标，是鼓励并获得债务人合理努力成果以在明确且有限的清偿期内偿还债务。预计或要求债务人清偿多少是一个核心问题，据此沿着几个不同的轴线，如还款期限的确定等，划分了政策制定者。不过，大多数政策制定者都同意，这个问题的妥善解决不是为债权人预先确定可以实现的利益而是为债务人预先确定牺牲

的水平。无论是从道德的角度，还是只是务实的角度，对债权人的潜在清偿的确定，应该从为维持债务人或其抚养人的基本生活预留确定合理金额开始。只有超过这一目标的收入，可能是超过该目标的所有收入，才代表着能被分配给债权人的"剩余收入"。即使关于这个基本出发点也有轻微的分歧，除此之外，现行制度在评估收入和合理的抚养费用等细节方面也有分歧。

1. 实际或预计收入，排除和增强

【275】由于清偿方案规范未来活动，随即产生了如何确定最基本条款的相关问题：债务人有多少收入，应扣除多少合理费用用于清偿？针对这一基本问题可以采取两种主要方法。

【276】一种方法是不作预测，而是立足于债务人在既定时间内的实际收入确定未来清偿额度。这种简单而明快方式的最突出例子是，债务人正式（例如通过合同）分配超出自由财产标准的任意未来收入，这些由破产管理人每年收集一次分配给债权人。当方案确定后，谁也无法准确预测债权人究竟会收到多少清偿，但它能确保这是基于债务人的收入和简单的法定豁免而使债权人可以获得的最高清偿（下文讨论，见第二章第五节第 2 条第 1 款）。

【277】另一种方法通过预测债务人在清偿期内的收入，来确定每个债权人的特定清偿。虽然这是最常用的方法，但它具有明显的弱点。在持续三五年或更长期限内，对类似个人未来收入这样的不确定问题的任何预测，都必然是错误的。这种不准确性可能很低，但也可能相当高。预测可能过低或过高估计债务人的收入，这两种情形都会产生问题。低估为

债务人留下了价值，而这些价值可能更适合分配给债权人，高估又可能使得债务人无法从少于预期的收入完成必要的清偿。

【278】尽管使用收入预测方法有许多伴生问题，但接受这些限制和采用这种方法也有令人信服的理由。原因与为债权人提供更大的确定性无关。即使债权人参与接受或拒绝方案的过程（如上文所述，这是罕见的），他们应该基于债务人的实际能力和收入，选择为债权人提供最大可能收益的解决方案，而不是可能与债务人的实际收入不匹配的预测收益。与"实际收益"方法相伴随的，主要是潜在的巨大监控负担。必须有专人计算每个月（或其他清偿期限）提供给债权人的不同清偿额度。在债务人被统一分配收入的制度中，这种计算很简单，可以由雇主来完成，更像一般的工薪扣押系统。如果不能指望雇主来实现这一功能——特别是当债务人是自雇人士时——或者隐私、避免耻辱方面的担心阻止他们这样做，或者债务人的支出限额的计算不是那么简单明了，实际盈余收入的定期周转将涉及大量的监测和管理负担。因此，确定债务人收入的最佳方法是与确定合理支出所选择的方法密切联系在一起的。在许多情况下，债权人和制度总体上的妥协结果是，接受更大的不确定性从而避免大量的管理费用。如下文的讨论，考虑到支出限额标准化的趋势，这种妥协的合理性不是完全清晰的。

【279】即使预测收入是不可避免的，经验表明，应避免采用一种特定的方法来作出这种预测。某个国家采用特别有问题的方法来预测未来收入，招致了广泛的批评，并产生了意想不到的负面结果。最近这个制度改革的一个方面是，规

定如果债务人的当前月收入足以覆盖其分配费用，就为债务人制订还款计划，向债权人提供最低收益。根据债务人的当前收入预测未来收入本身是有问题的，所谓的"当前月收入"并不是指"当前"。相反，这个词的含义是指债务人此前 6 个月的平均月收入。当然，大多数寻求破产救济的债务人经历了收入中断（如失业、离婚、医疗问题等），此前 6 个月的收入受到抑制。此外，这种方法的经验表明，大量债务人在此前 6 个月期间恰巧额外收入暴增（如奖励、退税、出售大额财产、礼品等）。在任一情况下，根据这特殊 6 个月的过去收入预测未来很可能产生相当大的误差。各种参与者都要求努力预测债务人的实际未来收入可能是多少，在某些情况下，这种做法是由法院最终授权的。虽然过去的经验在预测未来收入方面是有用的，但这里所描述的僵化做法已经饱受抨击。

【280】通过社会救助或社会支持制度向债务人转移支付，应考虑到这些款项是否应被排除在债务人的可支配收入之外。一方面，如果破产支出限额与社会救助标准相匹配甚至一致，这可能根本不是一个问题。债务人从国家转移支付获得的收入可能被排除，因为这些债务人的收入低于一定的水平，任何超出该水平的"剩余"才可分配给债权人。但是，许多这样的制度向债务人提供转移支付时，不考虑收入是否超过了"贫困"或"社会最低"水平。例如，许多北欧国家向有孩子的家庭提供子女津贴，大多不考虑家庭收入，欧洲大部分地区和美国的社会保险养老金支付同样如此。在这种情况下，这些转移支付可能会用来补贴清偿债权人，而不是流向预期受益者。考虑到额外的转移支付，如果这种

"剩余"收入已经不再是覆盖基本支出所必需的，非转移的收入流向债权人的口袋，这可能是少受异议的。但是，如果完全依赖转移支付的低收入债务人接收到的子女津贴或退休金福利被转移给债权人，国家资金分流到债权人必然会被认为是有问题的。一部个人破产法的最新版本把子女津贴转移支付放在"收入"的范围之外，而有类似制度的邻国继续考虑这些及其他转移支付作为可支配收入。在另一个制度，与"社会保障"制度相关的转移支付被排除作为"收入"考虑。

【281】由于破产制度的主要目标之一是鼓励自然人债务人生产，避免走向"罢工"，因此应考虑制度如何增强前者的效果和制裁后者。鼓励债务人尽可能生产出最突出的、根本有效的方法，以及是简单地免除未偿债务的清偿责任。大多数制度只是希望这一激励将促进债务人的生产力最大化，很少有现行制度做出具体努力以解决可能存在的、债务人在获得救济前一直没有成效的道德风险问题。

【282】有几个国家已经在它们的方法中明显同时融入了鼓励和惩罚措施。如上所述，两个制度在清偿方案后期，向债务人退还被分配收入的10%或15%，从而激励债务人最大限度地保持生产。奖励虽少，它至少代表了总体上强化破产制度固有激励的努力。另一方面，一些制度要求债务人至少有试图从事生产性工作来获得免责的行为，虽然结果可能并不理想。没有付出最少合理努力的债务人，是可以被拒绝适用破产制度提供的救济的。然而，债务人没有付出最大努力而被拒绝免责，却几乎已经绝迹，单纯的法定要求增加了债务人尽自己最大努力来换取破产制度提供的特别救济的紧迫性。另一个制度规定第一次被宣告破产的债务人预期4年期

间内可获得免责。合作的债务人可提早获得免责，不合作的债务人将被延缓额外 4 年才可获得免责。

2. 支出：灵活性和标准化

【283】正如上文所提到的，任何清偿方案体制的核心，是应保留哪些资源用于支持债务人及其家属这一特别敏感的问题。鉴于大部分破产债务人面临收入能力水平的降低和生活成本的升高，债权人最终能获得的收益将主要取决于债务人有多少收入是在债权人所及范围之外的。这一关键问题已经挑战政策制定者几个世纪，不断发展的现代自然人破产制度，在适当平衡为债务人提供充分支持和为债权人创造所需利益方面付出了巨大努力。此外，这些制度已经越来越明显地注意到一个问题，即不同地区的决策者面对情况类似的债务人的不平等对待。这向现代社会提出了严重问题，现代社会重视平等地获得公正和可预见的对公民的平等对待。

【284】也许在定义债务人的适当储备预算时，最显著的挑战是决定如何最好地实现公平和平等对待。是应该通过灵活的方式、力求满足每一个债务人的特定的、独特的基本需求来追求平等，还是根据关于基本需求的一些客观的、中立的准则以同样的方式对待所有人，只对具体情况进行微调？许多现行制度已经从原来的位置开始，向法官或其他决策者分配责任来进行自由裁量，以确保"人的尊严"的方式或类似的模糊原则来建立债务人预算。一些制度试图控制这种自由裁量权走向紧缩，这表明决策者应该遵循类似"正常和必要的费用"或"合理需求"的主观准则，利用自己的自由裁量权建立"温和"的预算，尽管大多数预算都更接近中间线。

【285】过去30年的经历暴露出的一个似乎最清晰的教训是，虽然灵活的、酌情处理的方法，在理论上有吸引力，但实际上问题很多。当立法机构向法官授权（或宽或窄）确定债务人的适当预算指导方针，至少出现四个严重的问题。许多现行自然人破产制度的立法者在过去的几年里大幅改革法律，以解决这四个问题。

【286】第一，因为各种历史原因，某制度出现了一个比较孤立的问题，破产法院在很大程度上倾向于认为自己的首要责任是使债务人复原，从而相当程度上倾向于保护债务人获得利益。因此，当面对支持债务人及其家属的"合理且必要款项"的界定任务时，破产法院往往倾向于采取被许多人视为对债务人极其友好的立场，宽松解释"合理需要"以涵盖各种支出，范围比许多立法者（和政策评论员）认为的更广泛。如下文的进一步讨论，立法机关最终以一种毫无建设性的方式回应了这一明显不平衡现象，但行使自由裁量权过于有利于债务人，只是酌情处理债务人预算方法的结果或潜在危险。

【287】第二，正如另一国家的立法者所发现的，相反的问题对破产制度的成功更具破坏性。在该国对待"个人过度负债"的新制度实施的最初几年，负责该制度的委员会行使分配的自由裁量权，以惊人的过于保守的方式建立债务人预算。拟议的清偿方案分配给债务人的收入，常常小于特困社会救助的接受者可得到的数额。委员会确定债务人预算的方法忽视了人类基本需求的现实需要，诸如公用服务、保险等基本的非食物支出。分析人士预测，根据这些"低得惊人"的预算，多达3/4的方案是注定失败的。为了防止以这种灾

难性的适得其反的方式行使自由裁量权破坏整个制度，行政机关甚至立法机关最终都不得不进行干预，以建立更清晰的预算方针，如下文所述。

【288】将债务人预算委托管理人自由裁量的第三个问题，是不同地区的决策者在如何行使自由裁量权时的必然不同。鉴于债务人之间甚至法官之间的天然差异，虽然有些差别是可以预料的，但即使在同地区破产体制都会频繁出现极端差异，这就提出了公平和平等对待的严肃问题。关于某个制度20世纪90年代初的清偿方案的重要研究表明，同一管辖区的不同法院施加了完全不同的清偿要求。一个地区的法院可能要求债务人遵守对债权人几乎全额清偿的预算要求，而其他法院往往更现实地期望比较适度的支付。另一个新自然人破产制度经历了第一次改革，改革的目的主要是为了解决清偿方案预算实践极端不同的问题。该制度的原有法律赋予法院自由裁量权，以建立预算支持债务人的"适度"生活方式。即使在这种相对较小、同质的国家，不同地区的不同法院关于"适度"预算的构成也有截然不同的结论。这些极端不同促使一些债务顾问建议他们的客户搬家，从法官特别吝啬的地区搬到破产救济条款更适宜居住的周边地区。这个问题一直困扰着很多制度，它们可被感知的灵活性和自由裁量权被视为优势，现在许多国家的立法机构已开始限制这种自由裁量权。

【289】最后，在某些情况下，自由裁量权不是被外界监管机构而是被制度参与者本身束之高阁。在至少两个尤其著名的实例中，不得不处理这些案件的法官和管理人得出的结论是，考虑到要解决的财务问题相对标准化的性质，灵活性

和自由裁量并非优点。债务人的合理需求并没有偏离一系列标准，从而有必要采用很大程度上不受约束的、灵活的方法。此外，为每一个独特案例精心制作适当预算所花费的时间，很可能被证明是糟糕的投资，因为这些资源支出将始终远远超出债权人在这种情况下可能从债务人获得的、微薄的最大清偿。在两个特别值得注意的例子中，法律最初提供了基本预算准则（见下文），目的只是在制定合适的清偿方案时"引导"决策者。但是，这两个制度中的管理人都拒绝了建议的"准则"中所固有的自由裁量，相反选择在所有情形下适用总体上统一的方法。这两个国家的立法机关最终通过修改法律放弃完全自由裁量的方法从而确认了这一实践。

【290】要求债务人作出适当程度的牺牲，以换取破产制度提供的任何救济，是一个至关重要的、固有的政治决策。公共政策的这样一个中心问题或许不由破产制度管理人，而由立法或其他代表实体作出会更合适。虽然相关司法和执行人员确实与债务人和债权人有密切接触，从而洞悉受制度最密切影响的人的具体需求，但是他们根本就未处于作出推动破产体制的敏感社会政策决策的最佳位置。如下文所述，自由裁量权不必完全消除，但经验表明，政治上负责的实体至少对议定的基准作出一致选择，围绕此基准也不必行使哪怕是很小的自由裁量权。

【291】确定清算方案预算的最佳方法，不是在放开的自由裁量和刚性的、鲜明划线的规则之间做简单二元选择。即使采用了标准的预算规则或准则，一些可自由裁定的因素如果不可回避，也多半是可取的。某制度的范例表明，这方面的适度妥协有两种方式：其一，正如许多其他系统一样，基

本预算豁免的目的是覆盖除了住房成本之外债务人的所有支出，如果税收服务准则认为是"合理的"，住房成本也允许被单独豁免。其二，"标准"可以通过非标准限额补充，包括债务人上下班的实际交通费用、托儿费用、抚养费用，有时甚至包括额外的医疗费用。其他几个制度采取了一种类似的"北极星"做法，允许自由裁量，逐案增加基本生活预算。然而此外，针对意料之外的可能支出，这些制度中的管理人通过每月一小笔的"缓冲"费用来进一步补充债务人的基本预算。上述的第二种伴有温和自由裁量的标准方法，已经被其他制度采用。另一制度中的管理人最终被法律要求为所有债务人至少分配最低标准的预算，这里的最低被描述为支持债务人家庭的必要资源的"一部分"。这种有分歧的预算编制方法，代表了自由裁量的许多不良影响和限制强加的僵化基准之间存在的普遍但可能明智的妥协。

【292】选择基本预算标准的最简单、最普遍的方法，只不过是把破产制度作为现有的普通追债系统的扩展（事实上是一种限制）。普通收偿案件适用于"扣押"或查封工资和其他收入的限制，也将同样适用于对破产清偿方案的可用收入的界定。这是当前许多法律采取的直接方法，虽然如上所言，至少有一个制度将最低预算储备定义为只是适当预算的"一部分"。事实上，如上所述，一些法律建议破产管理人只需将普通收入豁免法律作为"指导"，这一标准已经允许足够的自由裁量，以适应破产案件的轻微变化，因此该标准被采纳为基准。

【293】但是，正如某个特别制度的经验所表明的，共同选择现有的"最低收入"基准具有重大危险。当该国家的破

产法付诸实践时，一般工资豁免法律每 10 年才修订一次，豁免水平也多年未随通货膨胀上升。在消费者的购买力不断被上升的成本侵蚀的国家，期待债务人靠七八年前，甚至是九年前的合理收入来生活，显然是不恰当的，更何况自然人债务人消耗的众多进口商品受到汇率波动的影响。立法者迅速作出反应，负责地为大部分债务人提高法定的工资豁免幅度，并每隔一年提供相关指数以跟上通货膨胀不断变化的步伐。

【294】选择一个客观、统一的标准，并不一定必然使选择的某个单一数字应用于任意情形下的所有债务人。相反，现有制度通常建立均匀的档次，将债务人依据各种重要特性分为不同组别，为每个组别确定不同的豁免额度，经常伴有为不同的特定组别增加标准额度的可能。在许多国家，"被豁免的"收入水平不是一个简单的数字。事实上，它也不是一系列简单的、要施加到有配偶孩子和没有配偶或孩子的债务人身上的数字。相反，这些不同数字是基于债务人有无配偶、不同年龄子女的数量而确定的，而且如上所述，这些数字往往可补充"合理"的住房支出和幼儿看护费用。

【295】工资豁免适用于普通的债务收偿案例，因此这些标准也许是在破产案件中确定清偿预算的最常见和最适当的标准。如果债权人在普通偿债制度和破产制度中对现有的收入受制于相同的限制，这种方法确切澄清了设计破产叠加的目的：不是采取更激进的（虽然经常提出）办法限制所有债权人在更短的规定期间（诉讼时效）执行其债权，而是由破产制度确定小部分债务人，其一般偿债行为受限于清偿方案条款。所有债权人将分担没收债务人的可支配收入带来的管理成本，并都将包括在任何情况下债权人基于其请求收偿债

务可获得的全部分配中，但所有债权人将受限于任何标准收偿进程在有限的时间内（如上所述，通常为 5 年或更短时间）从债务人可获取的清偿额度。

【296】在一些国家，与普通扣押行为绝缘的"最低收入"，是（或以后成为）与预留支持债务人必要支出的"最低生活费用"收入同延的。例如，在某个制度中，法律界定破产清偿方案的标准预算限额是社会救助制度所保证最低收入的 90%。即使考虑到这个国家实践中 3 年的短期清偿期限，这种超低的限额也将导致清偿方案的大规模失败。但是，地方法官对该法规的独特应用却非常巧妙。破产法官组成的国家工作组大胆地主动发展了最终应用于普通偿债行为和破产清偿方案的统一预算准则。根据法律规定，他们以全国社会救济最低收入的 90% 作为底线起步，部分原因是为了进一步鼓励债务人找到生产性工作，在几乎所有案例中这一最低预留都有所提高，因为有全职工作的债务人和有子女及各种明细支出如住房、交通和幼儿看护的债务人的预算都将大幅增加。此外，选择一个标准底线并不排斥自由裁量的有益使用以补充最低预算分配。实际上，如前述案例所示，如果底线设置得太低，这种补充可能是必要的。

【297】最后，如果没有普通强制执行的限制或社会救济最低收入，或其与破产案件的社会政策不兼容，基本预算标准可能就得使用制定其他准则的各种技术从头开始构建。许多国家的国家统计局、劳动、消费或征税机构已经确定不同规模家庭日常消费的一揽子标准，例如，基于这些项目的成本调查构建一个月的预算。通常，这些成本是波动的，后续的调查将追踪成本波动，随之改变预算准则，有时一年数次。

各国根据当地关于"必要性"和有尊严生存的观点确定一揽子标准，其中关于物品范围的差异往往很大。例如，在一个国家，移动电话的支付费用最近加入到一揽子的标准支出中，因为互联网接入日益在世界上许多地方被视为必需品。诚然，世界各地的生活水平显著不同，在许多地区，相较于互联网接入，仅仅获得基本粮食和水很可能是更为紧迫的问题。问题的关键就是要注意到，基于不同地区和国家的明显不同的预期建立适当的标准预算。有意发展一种敏感、灵活的清偿方案路径的政策制定者，可以获得用这种方法建立基本消费预算的许多实例。

3. 如何对待无收入无财产的债务人（NINAs）

【298】对于某些债务人而言，而且可能是很多债务人，从实际或预期收入中扣除标准开支限额后可能只有很少剩余或根本没有剩余。事实上，管理清偿方案的行政支出的普遍和非常明智的方法，是在把剩余部分分配给债权人之前先行收取这些费用。不管债务人的收入是不是因为行政成本而进一步降低，相当数量的债务人将没有剩余收入可用于分配债权人。这些债务人很可能有足够的资源覆盖他们的基本需要，但他们没有多余的资源留给债权人。今天所有自然人破产制度中的大量债务人都属于这一类。

【299】由于这些债务人对债权人不产生价值，不能实现破产制度的最突出的目标之一，少数破产制度已几乎将他们从救济中排除。尤其有一个制度长期以来坚持"经济利益"的观点，只允许有足够的盈余收入、不仅涵盖行政成本而且能给债权人提供至少10%股息的债务人获得救济。另一相对较新的法律也同样是限制性的，要求最少30%的

预期股息才能确认清偿方案。前一法律提供困难救济给陷于特定的、令人信服的特殊情况的债务人，但很多无收入无财产的债务人被拒绝施与救济。

【300】然而，无论是评论人士还是已经建立的破产制度，更青睐选择避免这样的歧视，即不论债务人的财务能力如何，向所有债务人提供同样的救济。所谓的"零方案"一直代表了全部自然人破产案件"清偿方案"的大部分。所有确认案件的 1/3、2/3 甚至更大比例是纯粹象征性的，最多只能支付破产管理人的费用，或者连这些费用都无法支付。尤其在一个行之有效的制度，法院很快克服了对确认"零方案"的早期抗拒，这样的方案代表了大约 80% 的个人破产案件。另一个制度对"零方案"的抗拒没有自行消除，最高级别司法机关介入并解决了问题，倾向于保护收入或财产不足以向债权人提供任何分配的债务人。该国宪法法院裁定，只有可以清偿部分债务的债务人才能获得救济的做法侵犯了国家宪法平等原则。把这些安排称为"债务调整"方案，而不是"清偿"方案，或者更好的类似"复兴"方案，可能更诚实也更有意义，这样可以把重点放在这些安排的真正目的上。

【301】事实上，许多制度已经作出努力帮助特别困窘的债务人克服这一具有讽刺意味的挑战。鉴于债务人困窘的财务状况，他们很可能无法负担寻求救济的成本，至少那些向获取破产救济的债务人收取费用的系统是如此。例如，在某个相对较新的破产制度，新法实施的最初三年半，只有 150 个破产案件额度开放给寻求免责的自然人债务人，这很可能是因为如果债务人的收入不足以覆盖破产管理人的费用大部分案件就会被撤销的缘故。更多已经建立的制度一直在努力

寻求这类问题的解决之道。一个国家的志愿律师往往同意放弃向低收入债务人收费，收费是这个国家破产系统最实质性的成本，而另一个制度允许低收入债务人延期支付破产案件的行政费用，直到他们完成为期 6 年的"良好行为期"。另一个国家当局最近发展了解决这一问题的王式方案。债务减免过程的多选项菜单现在包括针对特困债务人的低成本选项。债务有限、收入少、财产少的个人债务人，可以从负责监督破产系统的国家权威机构获得低成本的行政程序。通过减少来自法院的"破产"程序的手续和费用，专门设计的新行政程序是向低收入和无收入债务人提供救济，否则对他们来说，法院成本就是一个救济障碍。

（三）方案实施、监测和监督

【302】挑战并不因方案的确认而结束。债务人在破产程序之前努力安排预算向债权人分配适当的款项，在破产之后可能还要继续努力争取。为了促进方案的正确实施和债务人对方案的遵守，经常会任命中立的破产管理人监督，甚至负责向债权人收集分配款项。为保证及时清偿，一些制度要求或允许将方案清偿的职责正式分配给破产管理人，从债务人的定期收入中自动扣除应偿款项。但一般说来，由破产管理人收集由债务人自行作出的定期款项。破产管理人也负责把这些收集到的款项分配给个别债权人，完成实际支付（通常以电子方式）。经过早期频繁偿付债权人的实验，许多制度都确定了每年的分配额度，这样可以降低戍本，而且频繁分配通常也会导致每次提供给债权人的清偿额很少。频繁支付的处理费用会超过转移给个别债权人的清偿额度，除非允许较长时间内累积较大额度的款项。

【303】 这里的破产管理人的资格和作用在上文第二章第二节第 3 条提到，并且在 ICR 标准和其他资料中有更深入的论述。在有相关要求的制度下，清偿方案的管理通常是破产管理人履行的最耗费时间和资源的任务。如上所述，破产管理人报酬的最常见来源是制度从债务人提取的盈余收入，只有超出破产管理人费用的收入才能分配给债权人。通常情况下，沉积盈余不足以支付破产管理人费用，债权人只在少数案例中获得了显著分配。破产管理人费用来源于还可能要分配给债权人的财产，这有两个逻辑支持：首先，有利于鼓励债权人同意与债务人进行非正式安排（和解），以避免行政交易成本。其次，任命破产管理人来管理这些清偿，把个别债权人从监控债务人行为所花费的时间和费用中解放出来，包括清偿和债务人根据该方案应该履行的其他任何义务，如积极寻找工作等。如果债务人未充分符合方案要求，破产管理人往往担负着在方案期限结束后反对赋予债务人免责或其他救济的责任。

【304】 并非所有现行的自然人破产体制均求助于破产管理人的帮助。在一些国家，自然人破产制度中制定的清偿方案被认为只是像任何其他合同一样。债务人作出所要求的支付时无需得到指导和监督，债权人承担着监督这些清偿和通过普通执行机制执行债务人要履行的义务的责任。这样的清偿方案只出现在那些债务人只是轻度困窘但尚有完全清偿能力的案例中，上述方法由此事实得到部分解释。涉及处境更困难的债务人的案例通常会导致清偿行为的全面暂停，债务也可能完全免除。然而，某个国家的规定很特别：即使是非常困难的债务人，也需自行收集和分配款项给债权人。

【305】有一个制度发展了一种极好的、帮助债务人组织和处理清偿的折中法，该方法由债务人自行缴纳适当的保证金，监管责任由债权人承担。该系统指定受托人制定清偿方案，一旦方案确定后，破产管理人的工作即告完成。为了协助债务人自行管理清偿事宜，破产管理人在破产程序启动时开设一个专门的银行账户，债务人即申请人立即着手向账户存入他们的可支配收入，从而即刻启动为期 5 年的清偿方案时刻表，减少债务人被迫依靠有限资源生存的总期间。对于那些最终获得批准的方案，破产管理人一般向银行转发一份债权人名单、债权人账号和每年一次自动转移到每个债权人账户的金额占债务人每月累计存款的比例。鼓励债务人通过自动银行转账完成所要求的存款和清偿，但债务人通常保留自由处置其收入的权利，每月须自行完成存款。尽管债务人有选择的自由，债权人缺乏监督债务人每月存款的能力，但这样的安排在实践中已经运作得很好。不过，银行在支持系统和收取更合理的处理费用方面的合作，以及先进的技术基础设施，这些都是必要的。

（四）债务人境遇改变时清偿方案的修正

【306】最后，即使债务调整方案最初是合理的，许多现行法律提出，长时间的复原期内仍可能发生许多变化。如果债务人的财务状况意外恶化，债务人很可能必须作出不当牺牲方能完成方案要求的清偿。相反，如果债务人的财务状况显著改善，考虑到债权人对债务人的未来权利会被削减，债权人应有合法权益共享这种改善。

【307】呼吁根据债务人的实际收入和支出变化调整清偿额度的清偿方案，这几乎不构成什么问题。这些方案本身可

以自我修正。债务人的清偿标准随收入上涨下跌自动改变。这种方法已被少数国家采用。如上所述，这种自我调整清偿方案的好处是以潜在的更高监测成本为代价的。债权人或破产管理人负责跟踪清偿方案的更改，保证这些变化体现了债务人境遇改变后的适当应对，而不只是债务人不能履行方案条款。

【308】基于预计的收入和支出确定未来方案的清偿是一种比较常见的做法，债务人境遇变化产生的问题需要积极的解决方案，以避免方案失败和可能的重复申请救济。在这种制度定中，法律通常预期债务人（或债权人）未来申请修改方案的前瞻性的可能性，以考虑与方案中体现的预期相比债务人的实际情况可能恶化或改善的后果。某制度采用了一种独特方式，只允许基于债务人的"最佳利益"进行调整，也就是说，允许降低债务人的清偿义务的修改，但是不允许债权人在债务人的境遇有所改善时要求增加清偿。的确，正如最近的改革所表明的，这个制度允许修改方案减少所需的清偿额直至为零。

【309】那些依靠债务人支付律师或诉讼费用的制度需要修改时，可能会出现一个具有讽刺意味的问题，即因为债务人甚至没有足够的金钱申请救济，所以无力提出修改方案允许少还钱的提议。一些政策制定者考虑授权（或要求）破产管理人为了债务人的利益提出修改的请求。否则，债务人常见的境遇恶化可能会导致不必要的、繁琐的重复申请救济，谁都无法受益，且为债务人和制度带来成本和资源负担。一些地区的政策制定者认为，在意外的复杂情形出现时，可以而且应该通过发展更加合理的方法修改方案来避免这些负担。

### 三、不同清偿方法的优势和劣势

【310】　为了推进破产制度的首要历史性目标，即努力实现债权人的一些清偿收益，今天大多数自然人破产制度均把这里讨论的两种清偿方式相结合。也就是说，除了一份利用债务人未来收入能力的显著价值的多年清偿方案外，法律还要求移交清算债务人程序启动时拥有的非自由财产。虽然组合这两种方法有明显的优势，但每个案件中都须经过两个阶段，这样的程序可以说有显著缺点，并且不是所有的制度都会迫使全部债务人利用这两种价值提取方法。

【311】　每一种价值提取方法的基本缺点是时间、金钱以及其他通常已经稀疏分散的行政资源的浪费。一直以来，现行制度中的绝大多数债务人已经证明几乎没有任何具有显著价值的非自由财产。这些财产的实现成本往往超过了财产自身的低迷价格，更不待言如果管理人需要证实债务人自己关于其财产的描述而产生的纯粹的调查成本了。因此，虽然大多数现行制度希望把债务人财产的价值提供给债权人，但这一规定的理论意义多于实际意义。自然人破产情形下集体清偿的主要好处是避免浪费性的和没有收益的价值追求，而非从现有财产中提取价值。正如上文第一章第八节所讨论的，单一的官方调查可以揭示，追求债务人的低价值财产是愚蠢的，可以说服债权人或者至少阻止债权人浪费自己和社会的宝贵资源，徒劳地追求虚幻的财产价值，从而更有效地避免破坏债务人的家居用品的纯粹的个人价值。自然人破产下的财产调查最经常的结果不是为债权人发现价值，而是确认进一步集体追求幻想价值的行为是徒劳的，应当停止这种行为。

【312】令债权人和政策制定者同样感到挫败的是，强制性清偿方案也是经常如此。如上所述，虽然多数债务人有一定的未来收入，但是大多数债务人的未来收入不足以覆盖自己的合理生活开支、管理清偿方案的成本以及分配给债权人。大多数现行制度中，每年向债权人产生收益的案件少于1/5，"良好行为制度"的行政成本是否合理非常值得质疑。许多评论人士甚至立法者质疑对那些没有或几乎没有能力清偿的债务人强加清偿方案的价值仅仅是为了满足惩罚的快感。

【313】在多数地区的绝大多数案件中，清偿方案过程除了提供资金完成其自身运作之外，无法实现什么财务目标。事实上，许多这样的制度甚至无法实现自给自足，要依靠其他政府基金的补贴以满足基本的运营需要。即使在有更多的债务人尽力清偿债权人的地区，虽然计息暂停，并且积累了几年的剩余收入，但是清偿额也很少超过债权人债权的10%~15%。

【314】针对某一国家情势的细致的实证研究特别表明，当债务人意识到自己的牺牲幅度时，清偿方案过程的结果可能更令人担忧。这一独特制度中的债务人自行选择进入清偿方案轨道，甚至只有"固定收入"的债务人才被允许在这条轨道上申请救济。只有约1/3的债务人选择清偿方案轨道，可以预料这些是成功完成清偿方案的最切实可行的候选人。不幸的是，这些清偿方案却始终有2/3以失败告终。大多数债务人只是不能承受严格限制预算的多年清偿方案的严苛。当然，这些冷冰冰的数字可以被部分解释为，这个国家的清偿方案轨道经常被债务人仅仅当作一种短期的拖延战术，以避免丧失住房抵押或汽车贷款的抵押品赎回权，大部分债务

人可以自由选择改变他们的想法，在要求不高的一次性财产清算轨道上寻求救济。然而，在数十年不尽如人意的经历后，人们严重质疑利用这种清偿方案来实现自然人破产目标的有效性。

【315】尽管如此，很多地区的立法者仍然非常热衷于强制性清偿方案，尤其是那些仅在过去数十年中才将破产救济扩展到自然人的国家。正如上文所言，这些立法者似乎已经一致得出结论：即使这些方案最多只是拙劣地服务于金融的目的，他们至少具有重要的道德或教育目的。持续多年的清偿方案提醒债务人本人及其周围的人，每个人都必须尽最大努力履行自己的义务。不论如何理解"最大"，免除应该承担的义务都不能没有牺牲地翩然而来。这些方案不仅仅使债权人实现金钱收益，也在债务人之间灌输了良好的偿债道德。某国的政府和议会明确指出这点，即零清偿方案有一个"标志性的特点"，即债务人通过几年时间受制于方案和尽力清偿债务证明自己是值得获得免责的。虽然越来越多国家的立法者得出结论——债务人终身负债和被社会排斥并非合理的预期，但少数国家立法者继续坚持认为，债权人可以合理地期望债务人把其一段合理时间内的全部可支配性收入用来偿还债务，而无论这种清偿能力如何有限。

【316】因此，几乎没有现行制度允许显著比例的债务人不经过财产清算和清偿方案就获得救济。尤其是，从债务人未来收入中为债权人提供清偿的可能性的理念至少被广泛认为是有道理的。但某些制度显然没有通过这两种价值提取方法中的一种为许多债务人提供救济。

【317】例如，在两个存在已久的制度中，管理人评估每

个债务人的未来收入能力，只有约 1/5 的债务人需要将未来收入作出大额清偿以换取破产救济。收入较低的债务人不需要通过未来收入作出更多清偿，他们被立即转入所有非自由财产的清算（通常是零），并最终获得免责。另一个制度采取了类似的方法。自 20 世纪 90 年代末以来，特别困窘的债务人数量上升，近年来超过 1/4 的债务人已由制度管理人安排不经过清偿方案直接全部或部分免除债务。事实上，虽然大多数债务人的财产被清查，全部非自由财产被出售，但有些债务人甚至可以避免这一步。该框架经最新修订后，管理人可以仅基于债务人提交的文件得出如下结论：没有合理理由认为出售财产可能实现显著价值，即使没有清偿方案和财产清算，也应当提供免责。在这些制度中，考虑到债权人不能获得清偿的可能性，管理人可以而且经常作出决定——管理清偿方案——甚至是清算，都是对时间、精力和其他资源的不当支出。

【318】某自然人破产制度长期以来坚持让债务人自行选择是进入清算轨道还是进入清偿方案轨道，但也遇到了特别严重的问题。这种实践更像是制度几十年来逐渐发展导致的路径依赖的产物，而不是经过仔细衡量的政策决策的结果。无论如何，把选择权交给债务人会产生严重的问题，试图对"能够清偿"的债务人施加清偿方案的标准已经被证明是适得其反的。在债权人要求对未来收入能够为债权人提供可观收益的债务人强制实施清偿方案后，立法者修改破产制度，实施了复杂的、能识别有足够"财富"债务人的新测试，即未来可支配收入，以适当偿付债权人。确定"清偿能力"的高成本的、复杂的测试只披露了一小部分有足够"财富"的

债务人。实施这种筛选机制确定哪些债务人应根据什么条款获得救济，让制度背负了相当大的行政分类和持续诉讼负担。此外，这种方法对增加债务人在清偿方案口的清偿比例几乎没有任何长期影响。该制度的经验强调基于债务人的清偿能力的现实，而不是基于能力推定建立各种筛选机制的重要性。它说明了试图引导债务人的选择而不是向其他无利害关系人分配过程中的困难，或许多人所认为的徒劳。

### 四、清偿抵押贷款和其他担保贷款的特别考量

【319】一般说来，担保信贷在解决自然人破产的制度中不会发挥非常重要的作用。多数债务人几乎没有已作为或可作为债务担保物的有价值财产，而担保债权人通常在债务人申请破产救济时已经查押了之前担保某项债务的担保物。如果债务人有为某请求充当担保物的财产，这些财产在提供救济前或清偿方案确认前通常需要出售，因为清偿方案通常不为清偿这些有物品担保的债权留有空间。在许多国家，破产立法的出发点是，债务人没有也不应该有担保债务或可作为担保物的非必要财产。

【320】在其他一些国家，尤其是在更多中产阶级破产的国家，对某些财产和担保债务的态度不是那么严格。有些国家规定，对债务人破产后的生存很重要的财产，如住宅、汽车和必要的生活用品，即使他们是某项债务的担保物，也可以在一定条件下包含在破产程序中（关于自由财产，参见上文第二章第五节第1条）。

【321】即便如此，原则上担保债权人在破产程序中是受到保护的。为了保护信贷市场，担保债权人的强势地位被认

为是合理的。同样，财产的宪法权利属性可以被援引作为限制担保债权人在破产案件中权利的可能性界线确定的原则。

【322】政策制定者普遍担心，对担保债权人权利的任何破坏都会对为重要的社会活动获得信贷的可能性产生广泛而深刻的不利影响，特别是住宅收购。在住宅收购贷款很普遍的社会中，这样高价值的借贷活动往往是国家金融市场的核心组成部分和健康的经济体系的基础。广泛的好处不仅仅来源于贷款行为，也来源于广泛的住宅所有权提供了作为经济活动的社会支持的稳定性。由于金融机构接收由住房抵押贷款担保的债权组合，接收的这些权利的价值——和由家庭财产支持的这些收偿权的价值——成为资产负债表和这些银行的财务健康状况的重要组成部分。许多国家认为，债权人的住房抵押贷款担保债权的实现价值的任何显著弱化，都可能对贷款系统的广大部门和整个国家经济的金融稳定的健康发展产生破坏性影响。

【323】尽管有这些担忧，一些国家已经在法律限制范围内发现了在破产程序中尊重债务人利益和担保债权人权利的解决方案。例如，有几个不同的制度已经发展到要平衡对于破坏抵押贷款市场和把相当数量的债务人驱赶出家园的冲突性担忧，尤其是考虑到大规模抵押贷款止赎活动对打压房屋价格的负面影响。

【324】了解这些制度背后动机的关键是，政策制定者们承认，他们担心的金融破产和损失已经变成现实。用于缓解破产或抵押窘境的结构合理的制度，不会造成银行业的损失，也不会破坏金融业；相反，这些损失已经因为债务人不能适当偿还债务的不可避免的事实而存在，有时会因为长期低迷

的抵押品价格，尤其是住宅价格，而加剧损失。已经采取下面描述的一项或几项方法的政策制定者，最经常被一种期望所驱动，即促使债权人承认他们的债务人的长期困境和担保债权的担保物价值（包括住房价值）长期损失的现实。真正在宏观经济和社会层面的修复因允许债权人继续对债务人的清偿能力抱有幻想而延迟，或者更糟糕的，幻想抵押品价值要么没有下降或将不寻常地恢复到以前的膨胀水平。更糟糕的是，修复效果被未经检查的丧失抵押品赎回权的行为大幅损坏，在大范围内造成抵押品价值，特别是房屋价值大幅下降的压力，导致房屋价值不断下跌和违约率上升的恶性循环。

【325】或多或少地，这些制度旨在迫使债权人接受债务人和/或抵押品价值的不良状态的痛苦现实，接受债务人在其现实清偿能力范围内提供在抵押物上的任何现实价值范围内的融资，并避免贸然采取行动强制执行抵押权从而进一步造成本可避免的成本损失。通过引入揭穿价值幻想的制度，根据目前的市场条件建立真正的价值并具体化和限制损失，一些地区的政策制定者试图利用法律杠杆，打破不健康的僵局，推动债权人和债务人向健康的和可持续的经济关系发展，以实现上文第一章第八节所讨论的诸多益处。

（一）住房抵押贷款

【326】在对债务人的重要性以及担保物的价值和性质方面，住房抵押贷款不同于自然人的其他担保债务。对家庭而言，最重要的担保债务是那些在债务人的房子或公寓上有担保的债务。因为申请债务调整的债务人过度负债问题十分严重，大多数自然人破产制度的出发点是，债务人不拥有自己

的房子，或者即使拥有，他们在个人破产程序中将不能够保有房屋。因此，在大多数国家，债务人的房屋或者在个人破产程序之前或者程序中间出售。通常，不论是否有个人破产程序，如果债务人无法偿还担保债务，债权人就可以卖掉房屋或申请强制出售。房屋出售后，差额无担保部分的未偿还债务将与个人破产的其他任何债务一样对待。

【327】另有一些国家，即使在破产情况下，保护房屋所有权也被认为是有显著价值的。保护家园和获得住房是人类福祉的基本要素（见上文第二章第五节下的第1条第2款）。在某种程度上，他们甚至已经得到了人权文书，如联合国1966年《经济、社会及文化权利公约》第11条的认可。许多国家如此依赖私人所有权的住房政策，以至于替代性住房是不容易获得的。人们普遍认为，如果经济危机期间发生大量的丧失抵押品赎回权，房屋的经济价值将显著丧失。这些因素都导致国家或者在危机时期采取临时保护措施，或者即使在破产法中也包括一定程度房屋所有权的保护。

1. 危机措施

【328】2007年后全球经济危机的核心是抵押贷款危机，数以百万计的房主不再能够继续偿还他们的抵押贷款债务。许多国家的房产价格下跌，止赎率创下自大萧条以来的最低水平。高水平的丧失抵押品赎回权，反过来又导致了几个国家大量金融机构的崩溃。这场危机十分清楚地表明了个人负债和金融体系稳定之间的关系。

【329】许多制度已经开始执行政策以支持住房市场和帮助房主继续拥有自己的家园。大多数这些回应针对的是处于最严重金融困境的债务人，也就是那些负资产的债务人（房

屋价值低于抵押贷款债务额）和在清偿抵押贷款债务时有严重延滞的债务人。已经有各种各样的回应来促进住房抵押贷款债务的重组。许多是在法庭外的回应，另外一些则是行政性的或基于法院的回应。许多回应包含了替代性纠纷解决（ADR），有的回应是强制性的，有些是建立在自愿基础上的。有些活动由政府机构或通过政府融资开展；而其他由金融机构或单独或在行业范围内自愿进行。

【330】当然，如果相当数量的房主寻求修改抵押贷款条款，这些措施就让金融机构背上了沉重的包袱。因此，许多制度限制这种措施的范围和/或持续时间。同样，没有金融业的支持，这些措施在其他制度中都无法向前迈进。

【331】下面列出的是已经实施的政策措施中关于自然人破产的处理方法：①各种各样的延缓偿付；②ADR 机制；③降低利率和/或延长还款期；④减少本金。

（1）各种各样的延缓偿付。

【332】延缓偿付反应旨在通过冻结抵押贷款的执行，延缓、停止、取消抵押品赎回权。在金融危机中，因为有严重的流动性危机，贷款人往往很难为止赎房产找到买家，而随着越来越多的止赎房产来到市场上，价格不断下跌，危机更加恶化。延缓偿付是为了减缓这种急遽变化，并为债务人和债权人提供一个喘息的机会，或许使他们能够制定出解决他们之间分歧的办法。只要相关债务人是受到危机的影响出现无力偿债，延缓偿付就更有可能取得成功。这些类型的临时性危机应对措施，通常是通过财产或强制执行方面的法律而不是破产法来实现和规范，但是在破产法的环境下这些临时性措施也会被纳入考虑范围。

（2）ADR 机制。

【333】像延期偿付一样，ADR 机制是放缓止赎的程序设计。此方法有许多变体，但他们的共同点是，他们试图让债务人和债权人坐下来，互相商谈，以期找出一种向前发展的有建设性的妥协安排，避免止赎诉讼的很多负面影响。

【334】ADR 机制与延期偿付措施可以独立或联合制定。ADR 机制与延期偿付的联合适用于危机威胁导致执行制度被压垮和房地产市场崩溃的情形。

【335】确实，前两个机制，即延期偿付和 ADR 机制，在严重的系统性危机的背景下可能更有效，其中贷款人或不能出售抵债财产或只能卖出较低价格。房地产市场运行效率更高时他们往往无法获得贷款的支持，此时更容易为那些价格低迷的财产找到买家。

（3）降低利率和/或延长还款期。

【336】这些措施或者是通过大规模的庭外方式，或者是将其纳入破产法来实施。该措施的对象是无法满足当前还款义务，但可能满足经过调整的、较小的月度财务责任的债务人。当这些措施提供实质性的全面救济时，似乎被证明更有效（例如通过降低利率实现降低债务总量）。债务延期只是使债务人在较长一段时期内偿还债务，债务人财务问题的最终解决往往只是延迟，因为数月或数年后债务人将发现有必要再次尝试与金融机构进行谈判。一个制度尤其面临着这种"旋转门"现象，决策者修订系统以包括更积极的救济措施，从而使得债务人更为有效地第一次就通过此门。

（4）减少本金。

【337】对于许多房主而言，仅仅能够锁定较低利率和在

较长一段时期内偿还贷款解决不了长期的问题，它很可能使债务人负担终身债务，永远无法偿还。此外，在房屋价值大幅下跌的情况下，业主面对强大的负面刺激，尽最大努力维持自己的住房贷款债务。他们会认为，财产的价值已经急剧下降，并且回升的可能性微乎其微，继续为该财产支付虚高的价格是没有道理的，无异于花钱填无底洞。事实上，一些金融机构在金融危机期间不愿意坐下来与借款人就抵押贷款条款重新谈判的一个原因，就是银行家担心一旦房屋所有人意识到他们将永远处在债务之中，或者他们的房屋价值超过买房产时的借款是不可能的，房主可能决定干脆违约，放弃他们的抵押贷款一走了之，这很可能是当时可作出的理性决定。在此背景下，在没有减少债务人抵押贷款本金的情况下，前三项救济措施很可能被证明是不够的。

【338】当然，减少债务的本金迫使金融机构核销部分贷款，并使他们的抵押贷款担保物价值降低。这反过来，对金融机构的资产负债表造成更大的压力，并很可能迫使金融机构在额外资金来源紧缺的非常时期寻求额外资金。此外，金融机构担心，如果债务人太容易获得这种救济，理所当然会造成不正当地激励一些"能够清偿"的房主希望债务本金减少的"战略性"拖欠。

【339】但是，如上所述，在许多情形下减记债权请求和将抵押贷款担保物减价出售只是代表了对不可回避的现实的承认，而不是这些行为创造了损失或资产负债表压力。如果房产担保物的真实价值或债务人的偿还能力是不成比例的，这样的贷款"价值"的全面恢复根本不是价值，只是价值的虚幻希望。实际上，损失已经存在，银行最后认识到这一点

并通过修改贷款余额的本金采取了适当的补救措施。银行的行为是治愈的一个起点，不是进一步痛苦的原因。承认这种预先存在的损失可能是痛苦的，但保持对不存在的价值的幻觉只能延迟，或许复杂化治愈过程。

【340】为建议减少金融部门可接受的担保贷款的本金，并考虑到这种变化会负面影响金融机构作为担保债权人的权利，已提出建议允许金融机构未来一段时间内按一定比例享有房产的任何增值。例如，如果房屋价值在未来五年增加（无论债务人在此期间是否出售房产），减记住房贷款本金的贷款人可能会取得在此期间收集核销的债权的权利。这样一来，债权人会以潜在的未来利益换取削减利息和本金的权利。

【341】已经描述的四组措施是应对危机最经常讨论的回应。另一种可能的解决办法是将抵押物的所有权转移给贷款人，债务人保持根据租约占有财产的可能性。当然，这个解决方案对债务人而言是一个巨大的经济和精神损失，也导致许多金融机构进入自身可能并不擅长的新业务（如物业管理）。

【342】有关个人破产的抵押贷款危机的解决方案的另一建议，是涉及养老保险和破产政策的重新平衡。通常情况下，基于养老保险旨在为退休后的债务人提供资金，有退休财产的债务人不会被允许利用这些财产来避免抵押贷款止赎。然而，正如上文所指出的（见第二章第五节下的第1条第2款第4项），在许多制度中，债务人的退休财产越来越具有重大价值。一个提议是，在系统性危机的时候，债务人或者接受退休金/退休财产分配，或者向退休金/退休财产借贷（可能有上限的限制），使他们能够避免抵押贷款止赎。该提案的优点是，它使债务人利用他们自己的资金，而不需要与第

三方展开冗长的或有争议的谈判。主要的缺点是，执行退休储蓄很可能会导致债务人退休期间没有足够支持，可能把扶助退休债务人的负担外化到公共支持体系。因为债权人现在是以社会未来的负担为代价收回全部贷款，有些人认为这是没有道理的，特别是当合理的妥协安排既能避免止赎又能避免债务人退休后出现的未来难题时。

【343】考虑在给定制度中可能的救济措施的有效性，重要的是要考虑到抵押贷款是有追索权还是无追索权，也就是如果出售住宅赎回权低于担保贷款的金额，债务人是否仍然对住房抵押贷款负有个人责任。在抵押贷款的追索权制度中，债务人获得免责是困难的，其结果可能是债务人要承担无限责任，逃脱责任的可能性很小。这种制度中免除债务负担的压力特别严峻。相反，在抵押贷款无追索权的系统中，在某些阶段债务人可以放弃自己的抵押贷款债务（把财产留给金融机构），即使在没有具体的破产救济的情况下也可尝试重新开始。

2. 个人破产中的住房抵押贷款

【344】在实现解决大量的不良住房抵押贷款的系统性问题方面，非正式措施已被证明在很大程度上是不成功的。虽然许多不同的国家多年来已经反复建议，但是只有少数制度在破产法中制定了住房抵押贷款的专门规定。这些制度出现在住房政策强烈依赖所有权的国家。当所有权的保护在破产法中被永久采用时，起点就是有担保债权人的权利应得到基本保护，但是可以有一些调整，但决定允许什么样的调整确实要经过一番艰难考量。

【345】通过破产程序保留房屋所有权的要求各不相同。

在某些制度中，只允许降低利率和延长付款期限这样的调整。在另外一些制度中，破产案件预防了止赎诉讼的启动或引发的后续影响，但抵押贷款的定期清偿以及针对拖延的任何清偿方案都必须继续。另一种变更是允许债务人在方案第一年只支付利息，之后恢复正常按揭付款。某些情况下，则先清偿本金然后再清偿利息（通常这种措施相当于降低利息）。

【346】最积极的救济方式是调整住房抵押贷款的本金。破产案件中在允许调整本金的情况下，要解决的第一个问题是住房抵押贷款是被视为统一的整体，还是把它分成被抵押物（房屋）价值覆盖的有担保部分和无担保部分。如果住房抵押债务被认为是统一的整体，债务人通常需要按照原来的合同清偿全部债务。在某些制度中，这是基于特定的破产法规；在另外一些制度中，法律关于住房和住房抵押贷款没有规定，但法院允许债务人保留自己的住房，前提是相对于出售房产而言这种替代方案经济上对债权人不会更不利。当房产没有什么经济价值并且在那里生活成本很低时，可能会出现这种情形。

【347】在住房抵押债务分为有担保部分和无担保部分的制度中，无担保部分在个人破产中像任何其他无担保债权一样被对待。债务的无担保部分可能会受到清算测试，也就是说，债务人在房产被出售的情形下，其支付的无担保债务的比例必须至少要像其在破产程序中所能支付的一样多。但是，这样的测试在设计上相当复杂。作为一个基本规则，债务担保部分必须已全部清偿或作了部分调整。

【348】为了避免不公平地剥夺抵押债权人房屋的未来增值，有两个制度允许将住房抵押本金降低到房屋价值水平，

但房屋价值是市场价值之上增加 10% 作为缓冲（即目前市值的 110%）。在其他制度中，已提出建议重获或"追回"价值的任何预期上升，随时间推移按照价值增长的全部或降低的比例自动增加担保债权人的债权。没有法律接纳这种重获建议，然而，政策制定者继续寻找适当的妥协，以平衡任何基于房屋价值降低从而减少住房抵押本金的建议。

【349】为了保证担保债务的全部清偿（或有些许调整），清偿期往往延长至 20 年甚至更长时间。因此，与为无担保债务设计的方案相比，涉及担保债务的清偿方案的清偿期可能会更长，但通常有 5 年的上限时间（见上文第二章第五节下的第 2 条第 1 款）。显然，债务人在这么长的时间内有面临其他困难的风险，可能导致作出巨大牺牲后房屋价值减损。这种危险是被普遍接受的，因为没有现行制度旨在为债务人保留房屋，尽管他们长期无法利用房屋的实际价值实现正常清偿。

（二）其他家庭财产作担保的债务

【350】除了房屋外，其他财产，特别是债务人的汽车，也可以作担保贷款的担保物，有一些制度允许债务人在个人破产的情况下保留这些财产。这些项目可能包括那些对债务人的日常生活或谋生而言必要的财产。债务人通常可以保留他们作为被保护财产（利益，请参阅上文第二章第五节第 1 条关于自由财产的讨论）。

【351】这些财产对债权人而言往往很少有真正的经济价值。相对于为债权人带来的经济价值，这些财产对债务人和他们的家庭有高得多的实用价值，几乎无一例外。动产物品如汽车经常遇到大幅的价值折旧，对取消赎回权的债权人几乎没有

什么价值，尤其是考虑到取消抵押品赎回权所耗费的成本。

【352】特别是对于一个正常家庭必需的那些财产，债务人支付担保贷款的款项可能被包括在家庭预算中作为必要的生活成本（而不是债务清偿）。因此，一些制度允许债务人通过支付担保贷款来保持这些财产以作为合理必要的生活成本。

【353】至少有一个制度允许法院自由裁量以调整债务人动产（如汽车）担保贷款的担保清偿义务。这种贷款被划分成必须全额清偿的有担保部分（有担保物的实际价值的支持）和与其他无担保债权一起按比例清偿的无担保部分（没有实际价值的支持）。但是，即使在这一制度中，把请求权分成担保部分和无担保部分的规则对较新物品也是不适用的，这种区分只适用于在更遥远的过去购买的汽车和其他物品。

# 第六节　免责

## 一、免责的目的和特性

【354】自然人破产制度的主要目的之一是重建债务人的经济能力，即经济康复。康复可以说包括三个要素：首先，债务人必须从过度负债中解脱出来。上文第一章第八节从债务人、债权人和社会的角度对免责的益处进行了广泛的讨论。其次，债务人接受救济后应与非债务人在平等的基础上接受救济（不歧视原则）。最后，债务人应能避免在未来再次过度负债，这可能需要一些改变债务人有关适当使用信贷的态度的努力。

【355】免除债务的最有效形式是"全新开始"，这在历史上指的是直接免责，即不制定清偿方案而直接从债务中解脱出来的可能性。一些近期实施的制度不再对所有债务人要求清偿方案，至少对身无分文的债务人提供了立即的"直接"免责。相比之下，尤其是在某个制度中，"全新开始"的概念被类比为移民国家的理念，全新开始类似于许多移民放弃了他们原来国家的一切（包括债务）后开始了新的生活。然而，该制度新近改革以后，债务人的免责不再那么"直接"，债务人试图不用未来收入向债权人提供清偿而获得免责是需要经受仔细审查的，有清偿能力的债务人现在需要按照清偿方案偿还部分债务后才能获得免责。

【356】大多数制度继续拒绝直接免责的概念。大多数设定免责的条件是部分偿还债务，或至少在一段时间内，债务人的经济生活由通常持续 3~5 年的债务调整方案或清偿方案调整。因此，债务金额只是降低到对债务人而言是合理的清偿额度。这不是一个"全新的开始"，而只能说是延迟的或挣得的新的开始（关于不同的方案模型，见上文第二章第五节第 2 条）。

【357】少数制度要求，或至少期待债务人支付某种最低还款额作为获得免责的前提条件。这样的最低还款额通常是按债务的比例，也许是 10%，或者甚至是象征性的清偿适度金额。由于许多债务人只有很少的财产，收入也很低，这样的规则必然产生不良的结果。在少数强加这一要求的国家，大量"诚实但不幸的"债务人因无法向债权人作出最低清偿而被拒绝免责。然而，一些国家的法院裁定，这样的要求是歧视财产很少或根本没有财产的债务人。在其他一些国家，

规则的另一变化是，清偿方案期限的长短与清偿的额度相关。如果债务人清偿债务达到一定比例，清偿周期可以短于通常的时间。但是，考虑到在这种制度中只有一小部分债务人能对债权人作出较大的清偿，从而受益于清偿期的缩短，此变化对于自然人破产程序几乎没有什么影响。

【358】清偿方案往往从它为债权人带来收益（相当有限）的角度进行评估。然而，在许多国家，清偿方案似乎有不同的性质，它被认为是挣得新的开始（免责）的"代价"。这个"代价"应该多高，见仁见智。当一个国家考虑引入自然人破产的新法律时，更容易考虑到繁重的清偿方案，因为这与私法的一般原则如条约必须遵守（pacta sunt servanda）相一致。但是，如上文第二章第五节下的第 2 条第 1、2 款所述，对债务人处境的现实的看法往往导致优先考虑更宽松和期限更短的清偿方案。

【359】如果破产程序结束后免责不受尊重，免责的益处将化为泡影。为解决这一潜在问题，有其他两个要素不时被列出作为免责和康复概念的辅助支持：

【360】首先，不歧视原则是充分实现免责利益的重要考虑因素。债务人不应该因为他们只是申请了破产或获得了破产救济就被歧视对待。由于清偿方案持续数年，无论是在方案执行期间还是完成后，歧视都是值得认真关注的问题。事实上，歧视问题已经很少在这样的背景下讨论，似乎大多数的自然人破产法律并没有明确禁止歧视。一些国家的数据保护法规禁止已完成的清偿方案中的信息的注册和使用，这实际上是一种对歧视的禁止。但是，在许多其他国家，任何破产申请信息都会在其他的"负面"信用条目中体现出来，至

少在破产案件几年之内，这往往会造成对经历了破产程序的前自然人债务人的歧视。研究人员和立法者今后宜应加强对不歧视原则的关注。

【361】其次，更加难以实现或衡量的是更健康、负责任地使用信贷作为债务救济程序的目标和结果。人们不应该获得救济后再次背上债务，此理念的一个指征是重复申请减免债务的事实上的普遍禁止（禁令）。禁令的期限长度反映了态度的差异。大多数国家新的申请只能是几年之后，而在另外一些国家，消费者债务调整通常被认为是"一生一次"的事件，但极有信服力的某些情形例外。

【362】过去10年中人们对于金融教育的兴趣越来越大，无论是学校系统还是成人教育机构都对其重要性予以承认。债务人申请减免债务的事实，有时也作为财务管理不善的标志。虽然债务人经济上失败的原因可能有所不同，但有证据表明，相当一部分债务人没有足够的理财能力。

【363】在自然人破产制度的背景下，向债务人灌输更好的信用使用习惯往往是通过个人债务咨询或强制金融教育实现的。正如第二章第一节的解释，许多国家要求债务人与预算和债务顾问联系，或在申请正式债务减免程序之前与债权人先行协商。虽然债务顾问总是协助债务人进行这种谈判，但是债务咨询本身是帮助债务人进行总体财务规划的机会。然而，债务顾问工作的重点往往是破产程序，其对于个别预算给予建议的资源往往是有限的。认识到这些咨询的局限性，一些国家要求在破产程序中对消费者债务人采取课堂金融教育的形式。这些必修课程的有效性、行为矫正的可能性和课程的强制性是有争议的，但是对该领域的工作和研究仍在持

续发展。

【364】清偿方案的履行是债务人控制自己的财务事务能力的证明。在一些国家，债务人在方案中负有"良好行为"的特殊义务。也就是说，如果债务人失业，他或她有义务在履行方案期间工作或寻找工作。因为这是法律义务，债权人可以宣称债务人没有履行这一义务，如果债务人在清偿方案结束时都没有履行义务，债权人得要求拒绝免责。实施预免责审查制度的地区已经证明，债权人不愿意花费时间和金钱对救济提出异议，而这种异议更可能来源于被任命的破产管理人。

【365】同样地，诚信原则几乎存在于所有的破产法。破产法的一个核心理念就是帮助不幸但诚实的债务人。原则上，所有法律都规定，滥用制度的债务人将被拒绝免责。如果债务人以欺诈方式负担债务，那么在任何一个国家他都很难获得免责。对于破产程序进行中的欺诈行为的态度更加严厉。此类欺诈行为会导致拒绝免责，甚至可能让债务人面临刑事检控。为预防欺诈，信息披露的标准也比较严格。债务人应在破产程序中披露其经济事务，否则将受到拒绝免责的惩罚。

【366】债务人一方的道德风险更难以评估，即冒险借贷行为本身并不构成欺诈。虽然借太多钱这种简单的"不负责任"行为一般不会导致拒绝免责，但一些国家仍拒绝债务人肆无忌惮地负债，或法院认为明显地或客观上疏忽或投机而产生的债务。基于债务人的行为不当，债务人将被拒绝免责，这可能导致真正需要免责的债务人被拒绝。另一方面，给予颇有野心的高风险承担者免责会严重破坏制度的合法性。关于道德风险和欺诈行为的讨论，参见上文第一章第九节。

## 二、免责的范围

【367】对于康复而言，尽可能多的债务被纳入免责的范围是很重要的。被排除免责效果的债务越多，破产制度实现债务人的复原和上文第一章第八节提到的许多相关目标的效果就越差。旧破产法原则，即公平对待债权人原则，是自然人破产的另一个重要原则。大多数自然人破产法一般继续坚持债权人平等的原则，因此极少数的请求权被排除免责。即使在被称为"债务人友好"的国家，这一大趋势也有一些例外。非市场背景下产生的一些债务在许多制度中被排除免责，尤其是债务人子女抚养债务，配偶扶养费有时被排除免责。同样地，税收、罚款以及其他公共债务也往往被排除，虽然近来的趋势是消除欠公共机构债务的特殊对待。这些例外将在下文讨论。

（一）抚养：儿童/配偶扶养

【368】最重要和最常见的免责例外，适用于对孩子的抚养，有时也包括对配偶的抚养或扶养义务。基于基本公共政策的几个密切相关的原因，这些债务通常被排除在免责之外。破产政策一般涉及责任和负担的合理配置，大多数制度不愿意让债务人对家庭的最根本的责任被免除，也不允许债务人把这种负担转移给其他同样脆弱的当事人。通过剥夺孩子和配偶要求抚养或扶养的请求权，从而中断其权利会危及他们的基本福利，破坏家庭抚养/扶养公共政策，该政策同免除债务人不当财务负担的政策一样重要。家庭责任的概念创造了"非市场"义务，这被认为是超出了破产救济的适当领域。虽然许多非商业甚至非金融负债包括在自然人免责内，破产

救济的重点仍然主要集中在商业市场创建的债务，而不是家庭和家庭关系的亲密范围内的债务。

【369】有几个制度采取多种方法从免责排除抚养义务。有些同时排除了子女抚养和配偶扶养义务，而有些只排除了子女抚养义务。在一些福利国家，如果债务人未付抚养费，尤其是子女抚养费，国家将介入并向孩子的监护人支付抚养费，然后向债务人代位追偿逾期抚养费。在这种制度中，国家代位被抚养人行使代位求偿权的权利被免责排除，就像申请人的直接请求权被排除一样。

（二）罚款和其他制裁

【370】另一种相当普遍的免责例外涉及作为犯罪后果的罚金和其他义务。有一些制度扩展这种推理，排除了人身伤害所产生的私人赔偿请求，甚至排除了因造成他人财产损失而产生的私人求偿。基本政策涉及责任的适当分配。破产救济旨在为"诚实但不幸的"债务人提供救济，他们是超出债务人控制的、不稳定的经济和社会条件的受害者。与刑罚和罚金相关的债务被普遍认为不属于这个范式。只要遵守社会规则债务人就可避免招致罚款，而且很少有制度愿意让债务人逃避违反公共规则的惩罚。罚金甚至比家庭抚养/扶养义务更不"以市场为基础"，这些债务因而通常被视为破产免责提供的特别救济的不合适对象。

【371】有少数的制度也排除了与民事侵权相关的人身伤害或财产损害所产生的赔偿债权。被排除的侵权债权往往是基于一定程度的有罪行为，如醉酒或罔顾他人福利。因一般过失不幸造成他人人身或财产损害的索赔请求，很少排除在免责之外。

（三）　税收和其他政府债务

【372】虽然政府税收和其他非惩罚性政府债务在过去已被普遍排除免责，但近来显现的显著趋势是取消这些免责例外。税收和其他政府请求在许多国家仍被排除免责，这与家庭抚养债务被排除免责显然是出于同样的原因：税收和政府债务是公民支持社会的基本义务的一部分。这些不是在市场双边关系中所产生的简单债务，而是总体上欠社会的、支持政府运作的高阶债务。允许个人债务人逃避这一不只是对债权人而是对社会的基本责任，被普遍认为是没有道理的。

【373】最近几年，一些国家已经基于至少两个原因废除了税收及其他政府债务的特殊优先权和免责例外：首先，税收经常是导致债务人破产的最大额债务，特别是对现在和以前的小企业主而言。如果政府债务不被免责，就破坏了整个破产救济制度，剥夺了第一章第八节讨论的债务人、债权人和社会救济带来的诸多益处。越来越多的立法机构已经接受，如果他们愿意迫使"普通"债权人放弃他们对债务人的合理要求，那么国家也应该愿意用同样的规则行事，支持至少非惩罚性债务如税收和服务费的救济体系。其次，如果税收不从免责排除，他们可能也会优先于其他债权人受偿。这被批评为对其他债权人是相当不公平的，因此立法机构已经被说服废除了税收特权，至少在某些情形下税收的免责例外也已经被撤销。的确，一些在企业破产中保留税收的特权和免责例外的国家，在设计很少或没有从事商业活动的自然人救济程序时已经废除了这些规定。

（四）　教育贷款

【374】只有少数几个国家排除了教育贷款的免责。这是

一个激烈争论的话题。这种排除背后的政策似乎是，教育债务被设计成可以直接从该教育投资流动的未来收益获得收益的短期投资。允许债务人接受一切收入增长的未来利益恰恰是归于教育的支持，但免除其他债务同时却让贷款人承担全部教育贷款负担，这在一些国家被认为是不公平不合理的。但是，相当大一部分申请教育贷款的债务人并没有获得学位——这引起了人们对于该政策的质疑。此外，由于这些债务可以说是大额的，而且往往是中央国家机关负责发放此类贷款，将这些贷款免责会强加给政府贷款机构非常沉重的负担。然而，几乎没有国家发现什么证据，显示新审查通过的专业人士，如医生、律师申请债务调整以免除其偿还学习贷款的责任。多数国家一般的"诚信"标准已经足以停止这种行为。另一方面，一些没有获得显著收入前景的债务人在偿还助学贷款方面确实有严重的问题。因此，通过拒绝这些债务的免责来剥夺债务人、债务人的其他债权人和社会获得破产救济的种种益处，这在大多数制度中并不认为是很好的解决方案。

（五）再确认协议

【375】关于破产过程中债务人和个别债权人之间达成协议从免责中免除个别债务（再确认协议），基本上有两种对立观点。在一些国家，这样的个别合同被严格禁止，因为它不公正地侵犯了债权人平等的原则。破产中对某些债权人进行偏颇清偿被认为是无效的。有时对某个债权人的这种偏颇甚至构成了犯罪行为。但有些国家允许债务人和债权人之间的这种受法院自由裁量权约束的再确认协议，只是协议应服务于债务人的利益，债务人会自愿确认这样的义务。

（六）程序启动后的债务

【376】免责通常只影响正式破产案件启动前产生的债务（申请前债务）。如果债务人在法院程序或方案清偿期产生新的债务，这些债务必须被足额清偿。由于清偿方案的严格条件，大部分债务人必须非常小心，避免在方案完成之前负担新的债务。然而，需要记住的是，重新安排贷款，即只需清偿商定的部分债务，是债务重组中一个非常有用的工具。只是它的法律地位取决于该国的法律。

### 三、免责和保证、共同债务人和第三方担保物

【377】破产永远是债务人的整个家庭的问题。有时候，家庭成员和其他与债务人关系密切的人被卷入债务人的经济危机，因为他们为债务人的贷款作个人担保或拿他们的财产作为贷款的担保物。如果主债务人不偿债或无力偿债，由于清偿可以很容易地从保证人或担保物的价值得到满足，保证人往往在破产前夕或破产程序启动后面临清偿请求。保证人的法律地位在许多国家被认为是相当困难的。个人担保提出了破产环境下的许多问题：这一小节专注于最重要的、破产债务人的免责和其他家庭成员提供的个人担保之间的关系。然而，个人担保的复杂处理可能需要其他程序性和实质性方面的分析。

【378】关于这种贷款担保和个人破产程序申请对保证人的义务的影响，似乎很少定量或定性的信息或法律研究。2004年分发给欧洲理事会成员国的调查问卷，收集了保证人在消费者债务调整范围（自然人破产程序）内的法律地位信息。被调查国家的法律情况非常相似，接下来的段落对此作了归纳。

【379】在许多国家，由家庭成员提供的个人保证以及家庭成员拥有的财产作担保物，是被担保贷款普遍接受的，几乎没有法律限制。很少有自然人破产法律包括了主债务人申请破产对保证人的法律地位的影响的具体规定。由于此时的清偿通常已经延迟，债权人可以向保证人或第三人为贷款提供的担保物价值进行债务追偿。保证人清偿贷款后，他或她享有债权人在获得清偿之前对债务人所享有的同样的权利。在实践中，保证人将是按方案接收部分清偿的债权人之一。贷款的共同签字人像保证人一样被同等对待。当第三人拿财产作抵押时，抵押物价值适用同样的规则。总之，破产程序和免责对保证人的责任没有缓解效果。

【380】某国法律的立法讨论特别关注共同债务人，但对保证人和其他共同债务人的保护最终被有意排除在主债务人的破产程序的影响之外，因为保证人及其他共同债务人可以在必要时自行申请个人破产法律的救济。极少数的自然人破产立法会具体涉及保证人的困境。在某个制度中，如果被自然人破产案件中主要债务人的债务牵连的担保人由此产生的义务是与"他的收入和祖传财产"不相称的，自然人及无偿担保人被允许申请免除担保责任。在另一个制度中，保证人可以提交对于其保证义务可能从延伸付款期限受益的特定减轻程序的申请。这样的程序并不包括保证人的其他债务。

【381】在自愿债务和解程序中，规则可能是相反的。根据许多国家的私法，包括债务部分减免的自愿债务清偿协议，对保证人来讲也是有效的。

【382】许多保证人和共同债务人对自己的破产法律地位抱怨不已。他们认为，在债务人获得免责而保证人只能根据

主债务人的清偿方案得到极少一部分返还时，他们被迫全额清偿贷款是不公平的。

【383】个人保证或第三方提供担保物的理由是，确保债权人在主债务人资不抵债的情形下得到清偿。当债务人申请破产，他或她显然是资不抵债的，因此，保证人的责任引起了人们的注意。如果在这样的情形下对保证人的责任加以调整，债权人的被保护程度将降低，债权人提供信贷的意愿将更加不足。

【384】家庭成员作为保证人的困难情况给出了重新考虑经济论证的理由。这些问题经常出现在某些法院，债权人要求保证人清偿，而保证人争辩说，他们是在受胁迫或没有足够信息的情形下作出承诺，或保证根本就是不合理的。法院有时对保证人表示同情，从而强化了债权人在签订合同时的职责。特别地，许多国家的债权人有责任为保证人提供充足详细的信息。一个国家的宪法法院甚至为配偶、子女或其他扶养人能有效地提供何种保证施加一定的限制。有人认为，债务人的被抚养人或与债务人有强烈情感联系的人需要防范剥削性合同。

【385】有说服力极强的观点支持保证人的信息权和限制家庭成员对保证的使用。然而，只要使用保证，保证人在自然人债务人破产情形下的地位仍然是个问题。这可能是一个没有好的解决办法的问题。然而，有减轻这种状况的可能：

第一，破产程序可能包含一些规定，给当事人时间来调整和谈判。保证人、共同债务人和代表债务人提供了担保物的第三人，可以通过自然人破产程序启动时债权人债务执行措施冻结的规定予以保护，虽然这在企业破产案件中是背离

ICR 标准的不寻常做法。如果保证人隐藏财产，法院可以赋予债权人强制执行的权利。

第二，债务调整时保证人和债务人的责任会分离。例如，保证人可以只对债务人根据方案向债权人清偿之外的那部分债务负责。这可以激励债务人清偿更多。

第三，保证人的清偿也可以在主债务人的债务调整过程中调整，例如，调整成分期付款。

第四，如果保证人已作出了很大的牺牲来清偿债务，法院可以酌情支持个人保证人在清偿方案中的补偿要求。这可能听起来对其他债权人不公平，但并非一定如此。如果保证人为偿还债务失去了他或她的房屋，而其他债权人是机构，在清偿方案中优待保证人不是没有道理的。

【386】这些提议意味着，保证人的责任不等于债务人的责任。有趣的是，2008 年消费信贷指令初期草案中，欧盟的提议是同方向的——虽然这些早期提案最终没有被采纳。根据这项提议，只有在债务人已经拖欠债务 3 个月后，债权人才可对保证人采取行动。此外，该提议旨在促进关于清偿债务的重组协议。这些提议与债务调整中保证人的地位具有更大灵活性相一致。

# 第三章　总结和结论

【387】近几十年，立法者一直在努力解决迅速涨潮的自然人之间的债务困扰造成的众多负面影响。这些问题席卷了不仅文化、历史、社会结构方面大相径庭，而且经济和金融发展差异也很大的地区。发达国家和发展中国家同样都遭受了自然人破产的更广泛和更深入的渗透，尤其是获得资金的机会已经扩展到社会的更广泛阶层。随着越来越多的人享受获得融资创业和消费所带来的益处，应对不可避免的经济风险的紧迫性也越来越强烈。就债务负担人口在多个部门的产能损失而言，过度负债带来了严重的经济问题，它损害了个人积极性，并抑制了其生产能力。

【388】传统破产法常常被证明不适合解决这些新的问题，因为这些法律通常是基于不同的背景而产生的，并且基于不同的目的被通过。可以肯定的是，两种类型的破产体制的许多目标是重叠的，如增加清偿和公平清偿债权人、简化程序和为社会的最终利益提高经济效益。然而，传统的破产法围绕信用和交易的保护，个人的因素往往被忽略不计。自然人破产的背景下减轻个人痛苦的愿望是更直接和更重要的。

【389】本报告提供了关于自然人破产体制的特点、发展

有效的自然人破产处理体制中遇到的机遇和挑战方面的指导。该报告明确是非指令性的，让读者得出自己的结论。

【390】**解决自然人破产的体制设计应该考虑到体制运行必然需要与之协调的法律、政策和实践环境。**决策者应该意识到社会、法律和经济的特殊性，这些可能会影响自然人破产体制的运作。

【391】**这份报告的主要目标之一是提高人们对发展自然人破产处理体制的重要性的认识。**本报告提出了政策制定者在自己的法律制度中应分析的一系列问题，从而在设计有效的自然人破产处理制度时更好地理解各种政策选择的影响和益处。本报告不是要努力说服世界各地的政策制定者遵循今天现行的各种体制的先例，而是要充实自身的独立发展过程。

【392】**本报告确认了个人破产制度面临的共同挑战，并提出了历经时间验证的策略以克服这些挑战。**有丰富的思路和切实可行的解决方案去实现一个制度对债务人及其家人，对债权人以及整个社会提供的益处的总体目标。没有唯一的答案或最佳的解决方案可以解决任何给定社区的所有竞争考虑。但这些问题应该被列入任何一个社会中寻求合理解决过度个人负债的政策制定者的议程。任何最佳方案的寻找应该不是通过猜测和传闻，而是现有经验的实际观察的升华。要确定这一领域的最佳实践，尚为时过早。

### 自然人破产体制的适用范围、目标和特点

【393】**自然人破产体制预计满足当代社会的广泛目标。**现在的破产法不再是简单地以债权人为导向的、从破产的商

业实体强制收债的机制，而是关注流向自然人债务人自身的利益。为"诚实但不幸的"债务人提供救济早已是自然人破产体制的主要目标。此外，更重要的是，这种体制为社会整体提供了利益。因此，处理自然人破产的体制不仅追求增加个别债权人的清偿，而且追求加强债权人集体清偿的公平分配，同样重要的目标是为债务人和他们的家庭提供救济和解决更广泛的社会问题。为了实现这些目标，自然人的破产体制应争取相冲突的利益之间的平衡。

**【394】一个结构完善的破产体制应既避免浪费，又促进生产效率。**避免浪费和提高生产效率的目标可通过防止债权人追求实际上毫无结果的收债努力，并激励债务人为债权人和社会展现甚至创造价值来实现。

**【395】为债权人和债务人带来的益处对社会有广泛的溢出效应。**这些益处包括：

——建立适当账户估值；

——降低收债成本的浪费和减少萧条资产销售中的价值破坏；

——鼓励负责任的信贷；

——减少不准确的风险评估所产生的负面外部效应；

——集中关注更有效和高效的损失分配；

——减少疾病、犯罪和失业的社会成本；

——增加应纳税收入的生产；

——最大化经济活动；

——鼓励创业；

——促进金融体系和经济的稳定性和可预见性。

事实上，破产体制背后最让人担心的，是关于如何改善不受监管的不良债务的负面系统性影响。这不仅有利于更健康、更稳定的国内经济，而且有利于在日益全球化市场的更强国际竞争力。

【396】**自然人债务人的具体环境还呼吁重新考虑实现这些目标的障碍。**与拟制商业主体不同，欺诈、耻辱和道德风险会以显著不同的方式对掺杂着情感、消费和商业复杂生活的自然人债务人产生影响。不同国家之间的不同文化和历史呼唤对这些问题进行不同的回应，但自然人破产背景下需要认真考虑他们的预期影响，以及减轻其不利的系统性后果的可能性。道德风险和欺诈的担忧已经被许多现行破产制度所克服，这些问题没有阻碍立法者希望为债权人、债务人和社会带来效益的想法，这是规制自然人破产的现代制度的特点。

【397】**一个更棘手的挑战不是把不守信的债务人从破产制度排除的问题，而是如何诱使诚实但不幸的债务人进入破产系统。**即使是在成熟的破产体制中，显著数量的债务人继续避免寻求救济，或其寻求救济时间远远晚于对债务人自己和破产系统的其他受益人而言的最佳时机。对于债务和文化耻辱的态度变化缓慢，而且立即改变这种态度可做的比较少，但政策制定者可以并且已经做出选择以减少耻辱。减少与破产相关的耻辱，需要教育和意识方面的宣传运动，这可以修正关于救济新选择的错误印象。在立法上消除评判性语言，废除或大幅减少历史上长期存在的惩罚措施以及民法上的失权和破产案件后的限制，这些也有积极的作用并有助于降低寻求救济所带来的耻辱感。同样，债务免责的制定和可豁免财产的自由化也有类似的效果。随着时间的推移这些措施可鼓励自然人债务人寻求救济。

### 自然人破产体制的核心法律属性

【398】自然人破产法律体制的发展需要仔细考虑自然人破产处理背景下的很多独特问题，无论这些债务人是否或曾经从事商业活动。还必须考虑到自然人破产制度是与消费者和商业信用的基本规则相交织的。

【399】旨在处理自然人破产的制度有一系列的核心法律属性。这些属性包括：其与非正式和解程序的关系；法院、专门机构和中间人的作用；准入条件；如可免责，债务人为之必须付出的代价。这份报告描述了这些属性，并分析了形成这样的破产体制所牵涉的政策选择的后果。

【400】在自然人破产制度的设计和实施方面，最可能的情况是一体不能万用。不过，自然人破产体制设计时产生的许多实际问题的不同解决方案有切实的优点和缺点，而这些方面必须由政策制定者考虑和处理。

【401】总体目标是获得一个正常运作的破产体制。这在大多数政策制定者看来意味着只为那些有需要的债务人提供救济，而且是以简明而非过于繁琐的程序提供救济。

### 总体体制设计：程序选项与非正式和解的关系

【402】自然人的正式破产处理体制设计的一个重要方面，是其在友好解决财务困境时与非正式制度的互动。正式破产制度的一个重要功能是鼓励非正式谈判和个人过度负债问题的解决。

【403】在许多国家，通过在某种程度上支持债务问题的谈判解决，立法者把预防正式破产程序置于优先地位。通过

谈判解决债务问题的优势如下：避免耻辱；对债务人信用分数的不利影响小；相较正式破产程序成本更低；债权人可以获得更好的清偿结果；筹备工作由债务咨询师以更低的成本完成；具有更大灵活性从而满足债务人和债权人的需要；金融机构更愿意重新协商贷款。

【404】**自然人破产背景下债权人和债务人之间的自愿和解是更可取的，但它也被证明更加难以捉摸，尤其是债权人经常对积极地和建设性地参与这些过程没有什么兴趣。**实践中，债务人与所有债权人达成自愿和解是不容易的：部分债权人要求强制执行债权，从而使得谈判变得不可能。这其中，包括税务机关在内的一些公共债权人，一般都不愿意接受协商的方法。因为法规强制核销债务和扣除损失要求造成的影响，金融机构几乎没有什么动力参与有意义的重组谈判。对于其他债权人，被动性是一个重要的问题，正如非正式债务协商中对待第三方保证人一样。政策制定者已多次观察到债权人被动性问题，这必须通过自愿和解协议对少数和未参会债权人同样具有约束力来解决，但是在任何情况下，都应保护少数债权人在法庭上捍卫自身权利的权利。

【405】**许多制度的经验表明，成功替代破产的非正式选择应包含促进方案确认的几个要素。**低成本或无成本的专业帮助是必要的，顾问应有与债权人谈判的经验。为了获得最大效果，谈判进程必须不受强制执行债务的直接威胁。

【406】**任何自然人破产处理制度都涉及影响债权人和债务人的权利和义务的基本法律问题，既包括债务人和债权人之间的法律问题，也包括总体上债权人之间的法律问题。**获得公正审判的权利以及财产被保护的权利是基本人权，这些

权利是自然人破产体制中的焦点。这些权利的实施一般都是由法院行使裁判权。

**制度框架**

【407】 **一个运作良好的自然人破产制度框架应尽量减少整个社会的成本。**这些措施包括确定债务有效性和偿付水平的错误成本，以及债权人、债务人和第三方的成本。该制度框架应提供及时的成果，实现利益相关者和公众对其运作的信心。

【408】 **在构建一个正式、强制性的救济制度时，要处理大量的、相对同质的案例，这需要重新考虑应用适当的法律、行政架构，特别是关于体系框架的资金支持。**经验表明，由于需要破产救济的个人债务人数量增加，个人破产通常会成为一个常规化的过程。

【409】 **政策制定者在为自然人破产制度选择特定结构时会寻求实现若干目标。**这些目标包括：同等处境同等对待，预防欺诈和滥用，并减少不必要的官僚主义的要求。

【410】 **个人破产的制度框架以连续统一体的形式存在。**制度框架包括：行政机构负责破产程序；无力偿债的公共程序与私人重组方案共存的混合公/私制度；主要由政府资助或私人中介提供服务的，以法院为基础的制度。

【411】 **大多数国家的个人破产和重组采用以法院为基础的制度。**但是，一些高收入国家采取了行政方法，而法院为争议案件的解决提供了衬托背景。中间人也发挥了非常重要的作用。在许多这样的制度中，一些国家的公共机构在整理、处理和管理自然人破产案件方面发挥了显著的作用。也存在

着公私混合型模式，这种模式下，主要参与者是私人破产执业者，从事评估、管理和调查债务人工作，但公共管理机构通过颁布从业许可证对从业人员严密监督，同时这也会干预破产程序。制度结构的设计必须考虑到现行制度的背景和任何特定国家职业中介的可用性。

**进入正式破产体制**

【412】**许多个人进入破产会遇到融资困境。**有五种基本途径可以获得进入破产救济所需的资金：①由政府资助破产程序；②高价值破产财产案件交叉补贴低价值破产案件；③政府补贴参与这一过程的专业人士，当事人无力支付时免除其诉讼费用；④对债权人征税，如对不良债务征税以资助那些个人没有能力支付的案件；⑤法院系统的一般公共利益基金之外没有国家支持。资金问题可以通过解决制度的支出方面、采用简易程序和利用信息技术来弱化。

【413】**个人破产和重组程序的准入标准应是透明的和确定的，同时防止无论是债权人还是债务人的不当使用。**开放准入可以被定义为这样的理念，某人符合破产标准，如债务到期日无法偿还欠款，不需要更多要求就可以进入允许债务最终免责的破产程序。然而，通常为了解决道德风险和债务人欺诈的问题，许多制度包括进一步的要求。解决潜在的道德风险的方法之一是限制进入破产的频率。

【414】**准入标准可能是规则和标准的结合。**标准一般会要求更多的专业知识。正式救济制度的高准入壁垒，可能会导致大量的个人处于"非正式破产"状态，可能会影响个人成为有生产力的公民的动力。这些成本应与通过这些措施避

免道德风险的保护相平衡。基于债务人的行为创建很高的初始准入障碍的制度，和个人被允许进入但可能因为他们的行为受到制裁的制度，这两种制度要善加区分。债权人或机构有机会挑战免责或以其他方式制裁债务人，从而预防了道德风险，增强债权人参与度的同时也增加了个人破产制度的合法性。

【415】**在那些有多种选择的制度（多轨道破产制度）中，程序准入的问题尤其重要。**可以由管理人作出决定将债务人分配到特定的轨道，债务人对相关轨道也可以有一定的选择权。就不同的重叠的程序而言，破产制度越复杂，在做出有效选择方面处于弱势地位的过度负债的个人面临的困难就越大。公正的中介可以协助个人债务人。在一些国家，准入标准可能取决于咨询中介和取得关于破产替代选择意见的法律要求。有些国家的制度基于收入标准的初步筛选机制来确定债务人的选择。有些制度把债务救济的对象限制为有消费债务而不是企业债务的债务人。

### 债权人的参与

【416】**自然人破产中，通常债权人的参与并不像在企业破产中那样发挥重要作用。**鉴于在自然人破产程序中可用的价值通常很少这一事实，债权人在这一过程中一般发挥不了什么作用。与企业破产的一个特别重要的对比是，债权人可能会反对免责，但免责和确定清偿方案的裁量权归属于法院或其他司法机构。

【417】**某种程度的合同自由和债权人参与在许多破产制度中继续发挥核心作用。**大多数破产制度面临着债权人被动

和债权人对债务人的处境和情况缺乏了解的问题。另一方面，有时重要的债权人，如税务机关、各大银行或带来大量偿债要求的收债公司，做出决定反对自然人的全部或大部分类别的破产申请。最后，债权人也可以发现自己处于其他动机影响其对债务人破产程序的后果做出理性判断的境地。

【418】**许多自然人破产制度简化了债权人请求的提交和确认。**为了应对债权人参与所带来的挑战，考虑到大多数债权的经济价值较小，许多制度简化了债权的提交和确认程序。在许多制度中，出于破产过程的简化考虑，债务人提供的债权清单被直接确认，除非债权人对清单提出异议。

**破产过程的解决办法和清偿债权，通过清算破产财产实现清偿**

【419】**最大化清偿债权人仍然是破产程序的一个重要目标，但在自然人债务人的背景下，经验揭示出不仅从现有财产而且从未来收入中获取清偿所带来的重大难题。**大多数现代个人破产制度至少在最初阶段继续采取聚焦于债务人财产的做法，但这种对清算财产的传统聚焦提出了一个长期关注的问题：为自然人债务人留下充分基础以恢复其有生产力的生活。

【420】**几乎每一个制度中都会委任公共管理人或某种受托人评估债务人财产的范围和库存，收集和出售债务人的财产（如果有的话），从而为债权人产生价值。**然而，现有破产制度的绝大多数自然人债务人几乎没有什么有价值的、可用于清算和分配给债权人的财产。因此，有几个制度已经完全放弃尝试清算债务人的可用财产，除非债务人看来有大量

财产可以保证库存和清理过程的大量管理费用。

【421】**自然人破产法律体制的另一个重要方面是自由财产**。实际上，自由财产不仅是有关破产的问题，而且是一般债务人—债权人制度都有的问题。免除债务人一些财产不被清算并分配给债权人的概念是与免责原理和"全新开始"的概念紧密联系在一起的。其理念是，当债务人获得免责，退出破产，并获得"全新开始"，他们首先应该有足够的财产以满足自己和家人破产后的最低家庭需要，以及必要时最低的商业需求。在一些制度中，财产豁免起着破产救济体制的不完美替代品的功能。从历史上看，自由财产在这些制度中发挥了缓解破产债务人处境的作用，特别是在没有免责机制的情形下。然而，自由财产效果本身不足以为债务人提供一个真正的重新开始的机会。

【422】**主要有三种方法来确定哪些类型的财产可以被免于清算和分配给债权人**。第一种方法是规定自由财产的价值上限，债务人可以寻求从破产财团中获得价值达到规定上限的一系列的财产作为自由财产。为许多现行制度所采用的第二种方法是第一种方法的现代化，该方法设定了债务人可以寻求豁免的特定财产的类别（和这些财产的价值）。第三种方法也为许多制度所采用，这种方法基于一种更普遍的标准从破产财团中豁免大部分财产，管理人有责任反对某项有价值的家居用品或家庭财产的豁免，从而使这一财产重新回到破产财团。

【423】**自由财产也可以用涵盖的财产来分析**。家庭房屋、汽车、日常家具、程序启动后的收入、退休计划和专业设备是主要的例子。每一特定财产适用的方法根据每项财产

在特定社会中的重要性有所不同。从历史上看，债务人的自由财产水平只是略高于贫困线。现代趋势是使债务人有一个真正的"全新开始"，争论围绕充足水平的确定展开。自由财产体制的管理效率和成本方面也存在显著差异。

### 通过清偿方案的清偿

【424】由于大部分自然人债务人可用财产的价值很小，现行破产体制最常见的要求是：债务人贡献部分未来收入以换取该制度提供的任何利益（通常是未偿债务的免责）。不管提供救济的形式和程度如何，大多数制度为自然人设想的是"挣得的开始"，而不是简单的没有债务人的预期贡献或付出的"全新开始"。

【425】可分配价值扩大至包括未来收入，这提出了有血有肉的债务人必须有足够的资源以满足家庭的基本需求这一人道主义待遇的根本问题。看似如何确定公平合理偿债期望的简单问题，特别是关于适当的基本开支和清偿方案持续时间的问题，已经证明比预想的更为复杂和困难。

【426】事实上，自然人破产政策的一些最困难问题发生在制定清偿方案时。最困难的问题特别涉及两点，即债务人为了实现债权人利益需要辛勤工作多长时间以及债务人在此期间需要清偿多少债务，也就是说债务人应该保留多少之后的所有"剩余"用于偿还债务。一旦方案确立，有效的破产体制必须考虑分配责任以监督债务人对方案的遵守和情况变化时调整方案的可能性。

【427】清偿方案的持续时间这一问题的答案，取决于向债务人施加清偿方案以换取破产救济承诺的预期目标。如果

目标只是最大限度地清偿债权人，可以选择更长的时间期限。但是经验表明，较长清偿期限实际上压抑了收益，降低了破产对债务人的吸引力和总体积极的效果。较短清偿期限可以追求灌输清偿责任和避免道德风险的教育目标。

【428】**虽然清偿方案持续时间的统一趋势在增强，但这些方案的长短仍有显著差异。**这些差异与社会和文化的差异相联系，利弊共存。清偿方案持续时间的最佳长度这一问题没有统一的答案，有必要在制定高目标与可达到的目标之间取得平衡。许多国家的实践表明，期限超过 3 年的方案，失败率要高于成功率。期待债务人在温饱水平线上生活超过 3 年或许并不现实。

【429】**可以通过几种方法减轻长期方案的负面影响。**这些方法包括：①使用比例增减法，②为无法作出显著贡献的债务人施加较长的还款期限，但对作出更大量清偿的债务人可以早些解脱作为奖励，从而为债务人开创了一套激励体系。另一方面，为长期贫困债务人施加较长的还款期限似乎适得其反。

【430】**清偿方案的另一根本问题是要为债务人及其抚养/扶养人预留一定金额以满足他们的合理生活需要。**清偿方案必须以债务人在方案执行期间创造收入的评估为基础。在这方面，两种主要方法是基于当期收入或预期收入进行计算的。

【431】**债务人生产力的激发在清偿方案中发挥着重要角色。**由于破产制度的主要目标之一是鼓励自然人债务人进行经济生产，所面临的挑战就是要建立激励债务人生产效率的机制，并避免诸如债务人决定不努力创收等的相反效果。恩

威并施，可用于创建清偿方案的积极动态。

【432】**债务人的基本开支是在清偿方案中需要考虑到的相关因素。**在设计清偿方案的规定时，政策制定者还必须考虑到，债务人需能够保留足够的资金来保证他们及其家属的基本开支。在确定债务人适当预留预算时，最显著的挑战之一是决定如何最好地实现公平和平等的待遇。要求债务人做出适当牺牲以换取破产系统提供的任何救济措施是一种固有的政治决定。无论如何，选择清偿方案预算的最佳方法不是在开放的自由裁量权和刚性的亮线规则之间简单的二元选择。规则和裁量元素的组合是可取的，可能也是不可避免的。

【433】**选择基本预算标准最简单、最普遍的方法，是把破产制度看作债务收偿制度的扩展，该理由同样适用于收入豁免。**选择客观、统一的标准，并不一定必然使得选择的单一数字适用于所有情况下的债务人。相反，现行制度一般建立均匀组别，依据各种重要特性把债务人分类，并且不同组别的自由财产额度并不一样，通常有为特定、可变的支出增加这些标准额度的可能性。

【434】**最紧迫的问题之一是如何对待在方案持续期间无法创造明显可支配收入的债务人。**这些债务人，通常被称为"NINAs"（没有收入、没有财产的债务人）。他们可能有足够的资源来满足他们的基本需要，但他们没有多余的资源转移给债权人。自然人破产制度中大量债务人属于这一类。因为这些债务人对债权人没有价值，因此不能实现破产制度的最显著目标之一，一小部分破产制度已几乎把他们排除出救济范围。其他制度为避免这种歧视，向所有债务人提供同样的救济，而不论他们的财务状况如何。减少破产程序的手续

和费用可能是协助这个问题解决的有效途径。

【435】**自然人破产面临的挑战并不以方案的确认而结束**。破产程序启动前在预算和合理清偿债权人方面努力挣扎的债务人，破产之后可能还要继续挣扎。清偿方案需要监控工具，当债务人的情形变化时，方案将不得不作出调整，尤其是当法律采取的方法是为债务人建立一个长期的康复期时。

【436】**有的方法是把清算和清偿方案结合起来**。为了推进破产制度的首要历史性目标，即努力实现债权人的一些收益，今天的大多数自然人破产体制把两种清偿方法结合起来，要求两点：①程序开始时债务人的非自由财产的周转和清算；②一份通常接近债务人未来收入能力的更显著价值的多年清偿方案。虽然这两种方法的组合有明显的优势，但每个案件都通过两个阶段，可以说有重大缺点，并且不是所有的制度都强行要求全部债务人采用这两种价值提取方法。

【437】**每种价值提取方法的基本缺点是时间、金钱和其他稀疏分散的管理资源方面的成本浪费**。在许多情形下，尽管这些制度为债务人和社会实现了自然人破产的许多目标，但是清偿方案没有为债权人提供显著的经济收益。将行政资源通过一个往往无法为债权人提供直接经济收益的程序进行分配，许多制度经验使人们对上述分配方法的有效性产生了质疑。

【438】**即使从财务角度来看不是特别有效，清偿方案也具有重要的道德和教育目的**。这些方案不仅为债权人提供了金钱收益，它们还被认为在债务人中灌输了良好的偿债观念。

因此，几乎没有现行制度允许显著数量的债务人不经过清算和/或清偿方案就接受救济。

**抵押贷款的清偿**

【439】**自然人破产中一个重要的具体问题是抵押贷款的处理。**对住房金融的特殊关注提出了继续排除简单解决方案的特别困难的挑战。

【440】**在许多制度中，担保债权人的权利或者是不受阻碍的，或者是根本不受牵连的。多数债务人已使用或可使用作为债务抵押物的有价值的财产很少。**在一般涉及担保债权的案例中，尤其是涉及抵押担保的案例中，债权人通常在债务人申请破产救济时已经扣押了担保物，或者即使在提出破产申请后，破产制度也允许这种扣押的发生。

【441】**抵押贷款是特殊的，因为抵押物通常是债务人最珍贵的以及最有价值的个人财产，并发挥着重要的、更广泛的社会作用。**同时，因为其经济上的重要性，高效的抵押贷款体制包括担保贷款的有效实施，是一个国家金融体系的基本要素。

【442】**一些国家已经采用了破产程序中尊重债务人利益和担保债权人权利的解决方案。**起点是保护担保债权人的权利，但可以作一些调整。允许什么样的调整受制于一些艰难的考量。

【443】**有几个制度已经发展到要平衡诸如动摇抵押贷款市场、将显著数量的债务人驱逐出从他们的家园竞争的担忧，尤其是考虑到系统性危机时代大规模抵押贷款止赎活动在抑制房屋价格方面的负面影响。**这些制度或多或少旨在迫使债

权人接受债务人的窘迫状态和抵押财产价值的不良状态的现实，也接受债务人可以现实提供的清偿能力，避免采取草率行动强制执行其在抵押物上的权利，从而产生更多可避免的损失。在已经实施的政策措施中，被频繁使用的是以下几种：延期偿付、引进替代性纠纷解决机制、降低利率、延长还款期限，最后是减少贷款本金。

### 免责

**【444】免责是规制自然人破产的现代制度的最显著特征之一。**如前所述，自然人破产系统的主要目的之一就是重新建立债务人的经济能力，换句话说，经济康复。

**【445】康复可以说包括三个要素：债务免责、不歧视和避免过度负债。**首先，大多数情况下债务人从过度负债中解脱出来。免责所带来的利益已经从债务人、债权人和社会的角度进行了广泛的讨论。其次，按照非歧视的原则，有效的康复是债务人获得救济后应与非债务人获得平等对待。最后，为确保持久的救济，债务人应处于避免未来过度负债的位置，这可能需要一些改变债务人关于适当使用信贷的态度的措施。

**【446】债务救济的最有效形式是债务的直接免责。**直接免责为债务人提供了立即的和无条件的"全新开始"。然而，大多数制度继续拒绝直接免责的概念，尤其是没有清偿方案直接免除债务人债务的可能性。

**【447】在免责带来的全部利益中，不歧视原则是个重要考量——虽然现行制度已经很少考虑到这一重要因素。**现行信用信息系统的问题之一，是至少在破产案件结束之后的几年内，任何破产申请在其他的"负面"信月条目中都会体现

出来，这往往导致人们对经历了破产程序的自然人债务人的歧视。

【448】**现行破产制度采用很多方法努力避免债务人因为未来过度负债而重复申请破产。**许多制度试图灌输更健康、负责任地使用信贷的理念。有些制度设想自然人的破产是"一生一次"的事件，其他制度禁止获得免责的债务人在规定的期限内再次启动破产程序。作为债务减免程序的目标和结果，债务人态度的改变更难以实现或测量。

【449】**为了避免免责的滥用以及道德风险和欺诈问题，诚信的原则几乎存在于所有破产法中。**自然人破产体制的主旨是帮助不幸但诚实的债务人。所有的破产制度中欺诈行为都将受到拒绝免责的惩罚。

【450】**对于康复来说，尽可能多地免除债务人的债务是很重要的。**然而，基于重要的社会或经济方面的考虑，某些债务是不予免责的。最常见的例外债务是：子女抚养费和配偶扶养费；罚款和其他处罚；税收和教育贷款。通常情况下，免责不会影响到破产程序启动后所引发的债务。

【451】**免责提出的问题之一，是负债状况经常不仅影响着债务人，同时也影响着债务人的其他家庭成员。**有时，债务人的家庭成员和其亲朋好友也被卷入债务人的经济危机，因为他们为债务人的贷款作了个人担保或拿他们的财产为贷款作了抵押。如果主债务人不清偿或无力清偿，债权人可以很容易地向保证人或从担保物的价值中获得清偿，所以保证人往往在破产前夕或破产程序启动后面临着清偿债务的请求。在许多国家，保证人的处境是很困难的，但是对于受主债务人破产影响的保证人的处理有趋于更加灵活的迹象。

**图书在版编目（ＣＩＰ）数据**

世界银行自然人破产问题处理报告/自然人破产处理工作小组起草；殷慧芬，张达译.—北京:中国政法大学出版社,2016.9

ISBN 978-7-5620-7037-5

Ⅰ.①世… Ⅱ.①自… ②殷… ③张… Ⅲ.①世界银行－自然人－破产法－研究报告 Ⅳ.①D912.281.04

中国版本图书馆CIP数据核字(2016)第221892号

---

| | |
|---|---|
| 书　　名 | 世界银行自然人破产问题处理报告 |
| | SHIJIE YINHANG ZIRAN REN POCHAN WENTI CHULI BAOGAO |
| 出版者 | 中国政法大学出版社 |
| 地　　址 | 北京市海淀区西土城路 25 号 |
| 邮　　箱 | fadapress@163.com |
| 网　　址 | http://www.cuplpress.com（网络实名：中国政法大学出版社） |
| 电　　话 | 010-58908435(第一编辑部)　58908334(邮购部) |
| 承　　印 | 固安华明印业有限公司 |
| 开　　本 | 880mm×1230mm　1/32 |
| 印　　张 | 5.75 |
| 字　　数 | 120 千字 |
| 版　　次 | 2016 年 9 月第 1 版 |
| 印　　次 | 2016 年 9 月第 1 次印刷 |
| 定　　价 | 32.00 元 |